현미경으로 본 커다란 세상

미생물

다미앙 라베둔트 · 엘렌 라이차크 지음 세드릭 유바 · 크리스틴 롤라르 감수
장석훈 옮김 최종윤 한국어판 감수

하이픈

이 책을 읽는 어린이들에게

우리 주변에는 미생물이 정말 많이 있어요. 미생물의 세계를 탐험하려면 무엇보다 루페가 필요해요. 루페는 주머니나 가방에 쏙 들어갈 만큼 작지만, 미생물을 관찰하기 위해 아주 유용한 도구예요. 루페로 들여다보면 자연을 풍요롭게 구성하는 무수히 작은 생물들이 드러나지요! 그 세계는 인간과 동물이 사는 세상 안에서도 정말 작은 세계예요. 미생물들은 크기가 아주아주 작으니까요.

그 작은 생물들을 보려면 루페를 대고 눈을 크게 떠야 해요. 그래도 안 보이면 집으로 돌아와 좀 더 큰 도구를 써야 할 수도 있어요. 쌍안 확대경이나 현미경으로 들여다보면, 정말 놀라운 세상이 펼쳐질 거예요! 무수히 많은 신기한 생물들이 보인답니다. 생김새도, 습성도, 움직이는 모습도 제각각이니 잠시 시간을 내서 관찰해 보세요.

이 미생물들은 어디에 숨어 있던 걸까요? 이들은 도대체 어떤 생물일까요? 이 작은 생명체들을 이 책에서 다 소개할 수는 없어요. 한때 '극미동물'이라고 불렸던 이 생물들은 종류가 헤아릴 수 없이 많아요. 그래서 이 책의 지은이들은 몇 곳에서 미생물들을 찾아보기로 했어요. 집 안을 둘러보거나 집 바깥으로 걸어 나갔어요. 개울이나 늪을 들여다보고, 깊은 바다 속에도 들어가 보았지요.

미생물들의 종류는 어마어마하게 많아요. 우리가 아는 것도 있지만, 듣도 보도 못한 것도 있어요. 땅이나 바다에서 자유롭게 움직이는 녀석도 있고, 한곳에 붙어서 고착 생활을 하는 녀석도 있지요. 바위나 나무, 심지어는 다른 생물의 몸에 붙어사는 녀석들도 있고요. 다른 생물에 붙어사는 녀석들을 기생충 또는 부착 생물이라고 하고, 다른 동물을 잡아먹는 동물은 포식자라고 하지요. 사는 방식이 정말 제각각이죠? 이 다채로운 녀석들이 어떻게 사는지, 어떤 역할을 하는지 알아봅시다.

멋지게 구성된 이 책은 새로운 것들로 가득해요. 각 장면에 바글바글 들어찬 작디작은 생물들은 희한해요. 보이는 녀석마다 정말 독특한 모습이고요. 지은이들은 현미경으로 봐야 보이는 작은 생물들의 모습을 진짜랑 똑같이 그려냈답니다! 그림을 통해 있는 줄도 몰랐던 신기한 세계를 구경할 수 있어요.

만약 미생물들이 없다면 지구상엔 생명체가 존재할 수 없었을 거예요. 소소한 예들을 찾기에 앞서 우리는 미생물들이 비옥한 토양을 일구고 거기에 생명을 깃들게 하는 데 얼마나 중요한 역할을 하는지 알아야 해요. 사람은 미생물 덕분에 땅에서 곡식을 거두고 살아갈 수 있습니다. 부엌이나 침대에 사람이 떨어뜨린 찌꺼기를 솜씨 좋게 청소해 주는 미생물들이 없다면 사람이 사는 세계는 금방 쓰레기로 가득 찰 거예요. 얼마나 고마운 존재들인지요. 바다와 강에서 펼치는 미생물의 거대한 수중 군무는 지구 생태계가 균형을 잡는 데 꼭 필요한 것이랍니다. 우리는 미생물들의 터전을 망가뜨리지 말고, 미생물들이 살아가는 방식대로 살 수 있도록 해야 하지 않을까요.

이 책의 이야기들을 따라가다 보면, 여러분은 이제까지와는 다른 눈으로 세상을, 사물을, 사람을 바라볼 수 있을 겁니다. 징그러울 것 같다고요? 와, 하고 놀랄 걸요! 어쩌면 매료될 지도 몰라요.

크리스틴 롤라르
프랑스 국립자연사박물관 연구교수
생물학 박사, 거미 연구가

차례

바닷속에서 춤추는 플랑크톤
6

바닷가 모래펄의 비밀
8

바다 밑 무시무시한 괴물들의 행렬
10

침대 속 마이크로 정글
12

앗 따가워! 살갗을 파고드는 공격
14

부엌을 습격하는 꼬마 대식가들
16

숲속의 업사이클링 공장
18

숲속 이끼 위 작은 동물들
20

고요한 물속의 숨 가쁜 움직임
22

개울에서 용감하게 싸우는 작은 동물들
24

용어 풀이
26

찾아보기
33

축척 : 5 cm = 1 mm

바닷속에서 춤추는 플랑크톤

　바다에는 헤아릴 수 없이 많은 생물이 물의 흐름에 따라 떠다니고 있습니다. 맨눈으로 볼 수 없을 만큼 작고 물에 둥둥 떠다니는 생물들, 바로 플랑크톤입니다. 식물 플랑크톤도 있고 동물 플랑크톤도 있지요.

　반짝이는 돌말 사이에서 둥둥 떠다니는 것은 요각류와 패충류입니다. 요각류, 패충류는 게나 새우의 친척뻘 되는 작은 갑각류*들이지요. 녀석들은 물에 떠다니다가 돌말에 가까워지면 물을 빨아들이면서 같이 돌말을 삼킵니다. 이리저리 흔들리는 물고기 알들 사이로 작은 해파리가 나풀나풀 떠다닙니다. 근처에서는, 얼마 전 알에서 깬 새우 유생들이 꿈틀거리면서 성게 유생 떼를 헤집고 다닙니다. 물에 떠다니기엔 이제 너무 무거워진 게 유생 한 마리는 화살벌레를 피해 바다 저 밑으로 서서히 내려가고 있습니다. 바다 밑바닥에는 무시무시한 화살벌레가 살지 않거든요. 화살벌레는 먹이를 보면 순식간에 달려드는 포식자예요. 물고기도, 고래 같은 바다 포유류도 갖가지 풍성한 먹잇감을 찾아다니며 이 거대한 바닷속 군무에서 함께 춤을 추고 있습니다.

　바다 생물 하나하나가 모두 있어야 지구 생태계*가 균형을 이룰 수 있습니다. 춤추듯 활기로 가득 찬 바닷속을 함께 들여다보아요!

현미경 옆 숫자는 실물이 얼마나 확대되었는지 알려줍니다. 예를 들면 '×50'은 오른쪽의 그림이 실물 대비 50배 확대되었다는 뜻이지요.
28쪽의 배율, 31쪽의 측정 단위도 보세요.

대서양

바닷속에서 춤추는 플랑크톤

❶ 돌말

유리처럼 투명한 식물 플랑크톤입니다. 몸 전체가 세포 하나인 단세포 생물*이지요. 종에 따라 생김새도 여러 가지예요. 길쭉한 모양, 둥근 모양, 심지어 삼각형 모양도 있어요. 돌말은 바닷속 먹이 사슬*의 시작점입니다. 풀이나 나무처럼 햇빛으로 광합성을 하여 영양분을 만들거든요. 이 영양분을 요각류나 패충류 같은 작은 동물들이 먹고, 요각류나 패충류를 다른 바다 생물들이 먹으며 거대한 먹이 사슬이 이어집니다. 돌말이 광합성으로 만드는 산소는 지구 전체 산소의 반이나 된답니다. 지구의 산소 90%는 돌말 등 식물 플랑크톤이 만들거든요.

8b, 22b쪽도 보세요.

❷ 방산충

하나의 세포로 이루어진 단세포 생물*입니다. 세포핵이 있어 원생생물*로 분류되지요. 보드라운 몸이 구멍이 송송 난 단단한 껍질에 싸여 있습니다. 껍질의 구멍으로 사방팔방 보드라운 몸을 뻗어 다리처럼 씁니다. 이런 가짜 다리로 움직이고, 먹이도 잡고, 포식자(다른 동물을 먹이로 삼는 동물)로부터 자기를 방어할 수도 있어요.

10b쪽도 보세요.

❸ 유종섬모충

단세포 생물*의 한 종류인 원생생물*입니다. 깔때기 모양 껍질 속에 삽니다. 온몸에 난 섬모(짧고 가는 털)를 껍질 밖으로 내어 움직이고, 먹이도 잡습니다. 위험하면 껍질 속으로 숨지요. 방산충이나 유종섬모충 같은 원생생물과 돌말은 동물 플랑크톤의 먹이입니다.

22b쪽도 보세요.

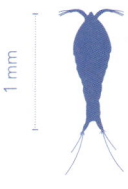

❹ 요각류

새우처럼 생긴 아주 작은 갑각류*예요. 바다의 플랑크톤 중 약 60%를 차지할 정도로 아주 흔하답니다. 돌말을 먹고, 물고기·새우·해파리 들의 먹이가 됩니다. 바다의 먹이 사슬*에서 중간 고리 역할을 톡톡히 하지요.

8b, 10b, 22b, 24b쪽도 보세요.

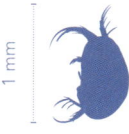

❺ 패충류

언뜻 보면 작은 조개 같아요. 하지만 게나 새우와 더 비슷한 동물이에요. 두 장의 단단한 껍데기 속에 몸을 감춘 채, 다리와 촉각(자극을 느끼는 기관)을 밖으로 내어 헤엄을 치거나 바닥을 기어 다닙니다.

22b, 24b쪽도 보세요.

❻ 화살벌레(모악동물)

어뢰처럼 생긴 무시무시한 포식자예요. 머리 양쪽의 갈고리로 요각류를 붙잡아 크고 힘센 턱을 벌려 한입에 꿀꺽 삼키지요. 먹을 것이 없으면 이 육식 '괴물'들은 서로를 잡아먹기도 해요.

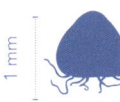

❼ 히드로해파리

아주 작은 해파리입니다. 몸집이 큰 보통 해파리처럼 말랑말랑한 몸으로 바닷물의 흐름에 따라 이리저리 떠다녀요. 히드로해파리는 무서운 포식자예요. 갈고리처럼 생긴, 독이 든 촉수(하등동물의 입 주위나 몸에 가늘고 길게 도드라진 부분)로 먹이를 꼼짝 못 하게 만들어 잡아먹거든요. 온몸을 덮은 독 촉수 때문에 다른 바다 동물들도 무서워하지요.

❽ 물고기 알

물고기는 알을 많이 낳아야 자손을 남길 수 있습니다. 다른 플랑크톤처럼 이리저리 떠다니는 물고기 알과 어린 물고기는 수많은 포식자들에게 좋은 먹잇감이니까요. 이들 중 아주 적은 수만 살아남아 어른 물고기가 되지요.

❾ 새우의 조에아 유생

알에서 깬 새우 유생(변태하는 동물의 어린 단계)의 모습은 작은 새우처럼 보입니다. 하지만 새우 같은 갑각류*는 알에서 깬 뒤 몇 주일 동안 유생으로 지내면서 여러 번 탈피(자라면서 껍질을 벗는 것)를 해야 어른 새우가 되지요. 유생으로 지내는 동안은 물에 둥둥 떠다니는 플랑크톤이랍니다.

❿ 게의 메갈로파 유생

수많은 바다 동물의 유생은 물에 떠다니는 동물 플랑크톤입니다. 유생이 어느 정도 자라야 바닷물에 떠다니지 않게 되지요. 더는 바닷물에 떠다니지 않을 만큼 묵직하게 자란 게는 바다 밑바닥으로 내려갑니다. 이 단계의 게 유생을 메갈로파 유생이라고 합니다.

⓫ 성게의 플루테우스 유생

알에서 깬 성게 유생은 기둥이 2개나 4개 혹은 6개로 된 우주선 모양인데, 플루테우스 유생이라고 합니다. 자라면서 점차 동그란 모양이 되면 유생 단계가 끝납니다. 밤송이 같은 가시가 달린 껍질이 만들어지고 꽤 묵직해지면 플랑크톤 생활을 접고 바다 밑으로 내려갑니다.

⓬ 경단고둥의 벨리저 유생

동물 플랑크톤에는 평생 플랑크톤도 있지만, 일생의 한 시기만 떠다니는 일시 플랑크톤도 있습니다. 연체동물(뼈가 없고 몸이 부드러운 동물)인 경단고둥 유생도 일시 플랑크톤이지요. 경단고둥의 벨리저 유생은 어른 고둥과 비슷한 모습입니다. 하지만 어른 고둥과 달리 날개처럼 생긴 막에 빽빽이 난 섬모를 써서 헤엄을 치고, 먹이도 빨아들입니다. 어른 고둥이 되면, 이 막은 사라집니다.

바닷가 모래펄의 비밀

1 모래 알갱이
0.2~0.5 mm

돌과 광물, 조개껍데기 등이 잘게 쪼개진 조각이에요. 모래 알갱이가 작을수록 모래펄이 곱지요. 지금 이 모래펄은 알갱이 크기가 0.5밀리미터 정도 되는 아주 고운 펄이에요. 물기가 적당히 있는 모래알 틈새는 작은 동물들에게 최고의 은신처랍니다.

2 유공충 껍질
0.5~1 mm

아주 작고 둥글어서 모래 알갱이와 비슷해 보여요. 그러나 유공충은 단세포 생물*의 하나인 원생생물*이랍니다.

10b쪽도 보세요.

3 돌말
0.1~0.5 mm

모래펄의 돌말은 대부분 길쭉한 모양이에요. 이 조그만 식물 플랑크톤은 큰털벌레, 요각류, 선형동물 같은 수많은 동물 플랑크톤의 먹이랍니다.

6b, 22b, 24b쪽도 보세요.

4 수염새우
0.5 mm

모래알 틈새에 사는 다른 동물들처럼, 몸이 지네처럼 길쭉합니다. 그래서 좁은 틈을 잘 비집고 들어가지요. 이 꼬마 갑각류*는 눈이 하나밖에 없는 외눈박이예요. 털이 난 2개의 긴 더듬이로 먹이를 찾아냅니다. 주로 먹는 것은 유기물(생물의 껍질, 사체, 배설물 따위) 부스러기나 세균*, 선형동물과 다른 미생물들이에요. 몸이 투명하고 크기도 아주 작아, 맨눈으로는 관찰할 수 없어요.

5 곰벌레(완보동물)
0.2 mm

'물곰'이라고도 합니다. 새끼 곰처럼 생기고 몸은 반투명한 이 작은 벌레는 지구의 갖가지 환경에 적응해 다양한 서식지에서 살고 있어요. 모래펄에 사는 곰벌레는 끈적끈적한 발톱이 있어서 모래 알갱이에 매달릴 수 있습니다.

20b쪽도 보세요.

6 선형동물
0.4~1 mm

몸이 미끌미끌한 작은 벌레입니다. 모래펄에 아주 많이 살지요. 가늘고 긴 실 같은 몸 덕분에 모래 알갱이 틈새를 아주 잘 비집고 들어갑니다. 선형동물은 종에 따라 식성도 달라요. 돌말이나 세균*을 먹는 것도 있고, 다른 선형동물을 잡아먹는 것들도 있어요.

10b, 18b, 20b쪽도 보세요.

7 큰털벌레(복모동물)
0.8 mm

갯벌이나 바다 밑바닥에 사는 아주 작은 벌레예요. 먹성이 좋은 이 벌레는 세균*과 돌말, 방산충 따위를 먹으려고 아예 입을 벌린 채 움직여요. 앞을 보지 못하기 때문에 입 주변에 난 민감한 섬모로 먹이를 찾아냅니다.

22b쪽도 보세요.

8 갈고리노벌레(요각류)
1 mm

이 작은 갑각류*는 머리 한복판에 눈이 하나 있고, 더듬이를 움직이며 헤엄치는 모습이 독특합니다. 대부분의 요각류는 바다에서 둥둥 떠다니며 살지만, 길쭉한 모양의 갈고리노벌레는 바닷가 모래 알갱이 틈에서 살아요.

6b, 10b, 22b, 24b쪽도 보세요.

9 모래펄에 사는 진드기
0.4 mm

진드기* 가운데는 바닷가 모래펄 표면이나 모래 속에 사는 녀석들도 있습니다. 껍데기가 단단해서 모래 알갱이 사이로 쉽게 비집고 들어가지요. 모래알 틈의 돌말이나 유기물 부스러기를 먹습니다.

12b, 14b, 16b, 18b, 20b, 24b쪽도 보세요.

10 옆새우
6 mm

맛조개나 갯지렁이 같은 갯벌에 사는 동물들은, 썰물 때 물이 빠지면 모래펄에 구멍을 파고 깊숙이 들어갑니다. 작은 갑각류*인 옆새우도 썰물 때 그렇게 모래펄 속으로 파고든답니다. 먹이를 구할 수 있는 축축한 모래펄을 아주 좋아하거든요.

바닷가 모래펄의 비밀

모래알이 반짝이는 바닷가를 걸어 다닐 때, 우리 발밑에 다른 세상이 있다고 생각하진 못하지요. 그런데 바닷가 모래펄의 모래알 사이사이로 별별 조그만 동물들이 휘젓고 돌아다니며 산다는 걸 아세요?

모래 알갱이 사이 좁은 틈새에, 지네처럼 생긴 작은 갑각류*인 **수염새우**가 있네요. 수염새우는 **선형동물** 뒤를 쫓으며 사냥을 하고 있어요. 한쪽에서는 온몸에 털이 난 **큰털벌레**가 돌말 같은 작은 조류를 갉아 먹고 있습니다. **곰벌레**는 모래 알갱이를 힘들게 기어 오르고 있어요. 모래펄에 굴을 파는 것은 덩치가 커다란 **옆새우**입니다. 어둡고 축축한 모래알 틈새의 미로는 이런 작은 동물들에게 몸을 숨길 수 있는 최고의 은신처이자 먹이 창고입니다.

이 웅장한 미로를 지키며 모래펄에서 살아가는 작은 동물들을 만나러 갑시다!

온대 지방의 모래펄

축척 : 13.5 cm = 1 mm

바다 밑 무시무시한 괴물들의 행렬

어둡고 산소도 부족한 깊은 바다 밑에는 생물이 살지 않을 것 같습니다. 그러나 바다 밑바닥에도 신비로운 미생물들이 고요히 움직이고 있습니다.

깊은 바다에 죽은 플랑크톤과 세균*이 흰 눈처럼 내립니다. 어두운 물속에서 가시 돋은 괴물 같은 **동갑동물**이 어슬렁거리고 있습니다. 바닥에는 **선형동물**이 북적이고 있네요. 선형동물 사이로, 턱이 뾰족하고 억센 **턱입벌레**가 바닥의 모래에 붙은 남조류나 세균*을 찾아서 돌아다닙니다. '해저의 용'이라 불리는 **자라목벌레**는 **요각류** 떼와 유기물 부스러기를 헤치고 앞으로 나아가고 있습니다. 갑자기 모래진흙 바닥이 흔들흔들하더니 쫙 갈라집니다. 몸길이가 무려 2센티미터나 되는 거대한 괴물, **갯지렁이**가 나타난 거예요!

바다 밑바닥 무시무시한 괴물들의 행렬을 보러 바다 밑까지 내려가 봅시다!

대서양 해저, 수심 30m

바다 밑 무시무시한 괴물들의 행렬

❶ 방산충 껍질

방산충은 죽으면 바다 밑으로 가라앉아요. 다른 플랑크톤 사체들과 함께 바다 밑바닥에 쌓여 퇴적물을 이룹니다.

0.05~0.3 mm

❷ 유공충 껍질

유공충과 방산충의 껍질은 모양도 성분도 달라요. 유공충 껍질은 둥근 모양에 석회질 성분이고, 방산충 껍질은 구멍이 송송 나고 규산질 성분이에요. 유공충이 죽으면 다른 플랑크톤처럼 바다 밑바닥으로 가라앉는데, 그 모습이 하얀 눈이 내리는 것 같다고 해서 '바다 눈'이라고 불러요. 바다 눈은 동물·식물 플랑크톤의 사체와 배설물 따위인데, 바다 밑에서 사는 생물들에게는 중요한 먹잇감이며 결코 모자랄 일도 없지요.
8b쪽도 보세요.

0.5 mm

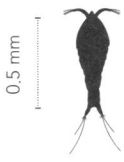

❸ 갈고리노벌레(요각류)

산소가 부족해서 생물이 살기 힘든 바다 밑바닥에서도 요각류와 선형동물 같은 녀석들은 아주 잘 산답니다. 갈고리노벌레는 플랑크톤과 세균*의 사체를 먹으러 떼를 지어 모래진흙 위를 돌아다닙니다.
6b, 8b, 22b, 24b쪽도 보세요.

0.5 mm

❹ 선형동물

몸이 투명하고 매끄러운 조그만 벌레입니다. 바다 밑 모래진흙 속에 정말 많이 살지요.
8b, 18b, 20b쪽도 보세요.

0.5 mm

❺ 동갑동물

1980년대에 처음 발견된 작은 동물이에요. 항아리 모양인데, 입 주변에 가늘고 긴 가시가 삐죽삐죽 나 있어요. 이런 가시로 조개 부스러기 같은 퇴적물 알갱이를 붙잡고 이동하거나, 자갈이나 퇴적물 사이에 몸을 붙여 포식자를 피하지요. 동갑동물은 빛도 없고 산소도 부족하고 수압도 높은 환경에 완벽하게 적응했어요. 그래서 수심 3000미터의 깊은 바다 속에서도 끄떡없이 살아간답니다.

0.2~0.5 mm

❻ 자라목벌레(동문동물)

'해저의 용'이라 불리는 자라목벌레는 극한 생물*이에요. 어떤 악조건 속에서도 견딜 수 있다고 해서 그렇게 불러요. 물에 떠서 헤엄은 못 치지만, 독특한 방법으로 이동해요. 자라처럼 머리를 내밀었다 움츠렸다 하면서 기어가거나, 퇴적물 속으로 파고든답니다. 온몸에 난 수많은 가시로 주변 퇴적물에 달라붙을 수도 있어요. 덕분에 물살에 떠내려가지 않고, 먹이도 잡을 수 있지요. 아직 이 동물에 대해 알려진 것은 많지가 않아요. 과학자들은 이 작은 동물이 무엇을 먹고, 어떻게 번식하는지 열심히 연구하고 있습니다.

0.8 mm

❼ 턱입벌레(악구동물)

입 속에 단단한 턱(악구)이 있어서 턱입벌레라 합니다. 억센 턱으로 바다 밑 자갈이나 모래에 붙은 남조류나 세균* 등을 긁어 먹지요. 바닷속에 살지만 물에 떠서 헤엄은 치지 못해요. 온몸에 난 섬모를 써서 몸을 구부렸다 폈다 하면서, 바다 밑바닥을 기어 다닙니다.

0.9 mm

❽ 갯지렁이(다모류)

갯지렁이 가운데는 깊은 바다 밑바닥을 기어 다니며 사는 녀석도 있어요. 길쭉한 몸의 양쪽에 난 옆다리들이 배에 달린 노처럼 보여요. 수많은 옆다리로 헤엄을 치고 바다 밑 모래진흙을 파고 들어가기도 하지요. 덕분에 바다의 침전물이 뒤집어져 바다가 깨끗하게 유지됩니다. 그렇지만 갯지렁이 같은 다모류는 바다 밑바닥에 사는 작은 동물 가운데 가장 덩치가 크고 탐욕스러운 포식자랍니다.

20 mm

축척: 8 cm = 1 mm

침대 속 마이크로 정글

❶ 세로무늬먼지진드기

진드기*는 거미나 전갈처럼 거미류* 동물입니다. 종류에 따라 크기, 형태, 생활 방식이 아주 다양하지요. 이 중 세로무늬먼지진드기는 우리와 가까이 지내기 때문에 잘 알려진 진드기입니다. 녀석들은 배설물로 카펫, 커튼, 소파, 침대, 집안 먼지까지 오염시킵니다. 집안에는 진드기가 아주 많이 살아요. 어느 정도냐 하면, 먼지 1그램 속에 진드기 수천 마리가 있어요. 베개 하나에는 진드기 수만 마리가 있는 거예요. 침대에는 진드기 2백만 마리는 족히 살지요. 침대는 진드기들의 마을과 다름없어요.

8b, 14b, 16b, 18b, 24b쪽도 보세요.

❷ 각질

우리 몸에서는 매일 죽은 피부 조각, 머리카락, 손톱 조각 들이 떨어집니다. 이런 노폐물 1그램이면 수만 마리의 세로무늬먼지진드기들을 먹여 살리고도 남아요.

❸ 곰팡이

매트리스와 이불, 베개의 섬유 속은 미세 균류인 곰팡이가 사는 거대한 숲이에요. 곰팡이는 침대 위에 떨어진 각질을 분해하여 진드기*가 먹을 수 있도록 만들어줍니다. 진드기 몸에는 곰팡이의 홀씨가 묻어 널리 퍼져나가지요.

❹ 짧은빗살발톱진드기 수컷
❺ 짧은빗살발톱진드기 암컷

짧은빗살발톱진드기는 주로 세로무늬먼지진드기를 잡아먹는 포식자입니다. 강력한 집게발로 먹이를 잡아 꿰어 마비시키고, 먹이의 몸속을 흐물흐물하게 만드는 소화액을 주입한 뒤 쪽쪽 빨아먹어요. 먹잇감이 없으면 이 탐욕스러운 진드기*는 같은 짧은빗살발톱진드기까지 잡아먹는답니다. 수컷보다 암컷이 조금 더 커요. 일부 거미류* 동물들처럼, 새끼가 알에서 깨어나면 며칠 동안 등에 업고 다닙니다.

8b, 14b, 16b, 18b, 20b, 24b쪽도 보세요.

❻ 진드기의 배설물

여느 진드기*들과 달리 세로무늬먼지진드기는 인간을 물어서 해를 끼치지는 않아요. 대신, 배설물로 인간에게 알레르기 반응을 일으키지요. 진드기는 먹이에 소화액을 묻혀 먹는데, 먹이가 배설되어 나와도 소화액은 그대로 남아 있어요. 바로 이 소화액이 알레르기의 원인이에요. 배설물이 분해되면 아주 고운 가루가 되어 우리의 폐 안으로 들어올 수 있어요. 그러면 우리는 기침을 하거나 콧물을 흘리기도 하고 심각한 천식 발작을 일으키기도 해요. 알레르기 반응을 보이는 사람들은 눈에 보이지 않는 이 적들 때문에 병이 날 수 있어요. 그래서 진드기들을 없애거나 적어도 수를 줄여야 합니다.

다음은 진드기가 발을 붙이지 못하게 하는 방법입니다.
- 진드기는 따뜻한 곳을 좋아하므로 방의 온도를 너무 높이지 마세요.
- 진드기는 습한 곳을 좋아하므로 환기를 자주 시키세요.
- 진공청소기로 자주 청소를 해서 진드기의 먹이가 될 만한 것을 없애세요.
- 이불을 햇빛에 널고 세게 털어 주세요. 진드기는 햇빛과 충격에 약하답니다.

침대 속 마이크로 정글

여러분은 이지 잠자리에 들었고 방의 불도 껐어요. 여러분이 잠에 들 때, 여러분의 침대 속 마이크로 정글은 깨어납니다.

고요한 방 안에서 집먼지진드기와 세로무늬먼지진드기가 여러분의 체온과 땀으로 기운을 얻어 활동을 시작해요. 침구의 섬유 속은 곰팡이 같은 작은 균류의 정글이라 할 수 있어요. 이곳에서 진드기*들이 각질을 찾아 돌아다니지요. 각질은 우리 몸에서 떨어져 나간 죽은 피부 조각이에요. 그런데 이 평화로운 잔치는 무시무시한 포식자가 나타나서 엉망이 되고 말아요. 짧은빗살발톱진드기가 나타나자 먼지진드기들은 몽땅 도망을 칩니다. 미처 피하지 못한 먼지진드기들은 짧은빗살발톱진드기의 커다란 빗살발톱에 잡혀 먹잇감이 되고 맙니다. 이 사냥은 여러분이 아침에 침대에서 일어날 때까지 계속되지요.

진드기들이 쫓고 쫓기는 이 무시무시한 정글 속으로 들어갈 수 있겠어요?

침대 위

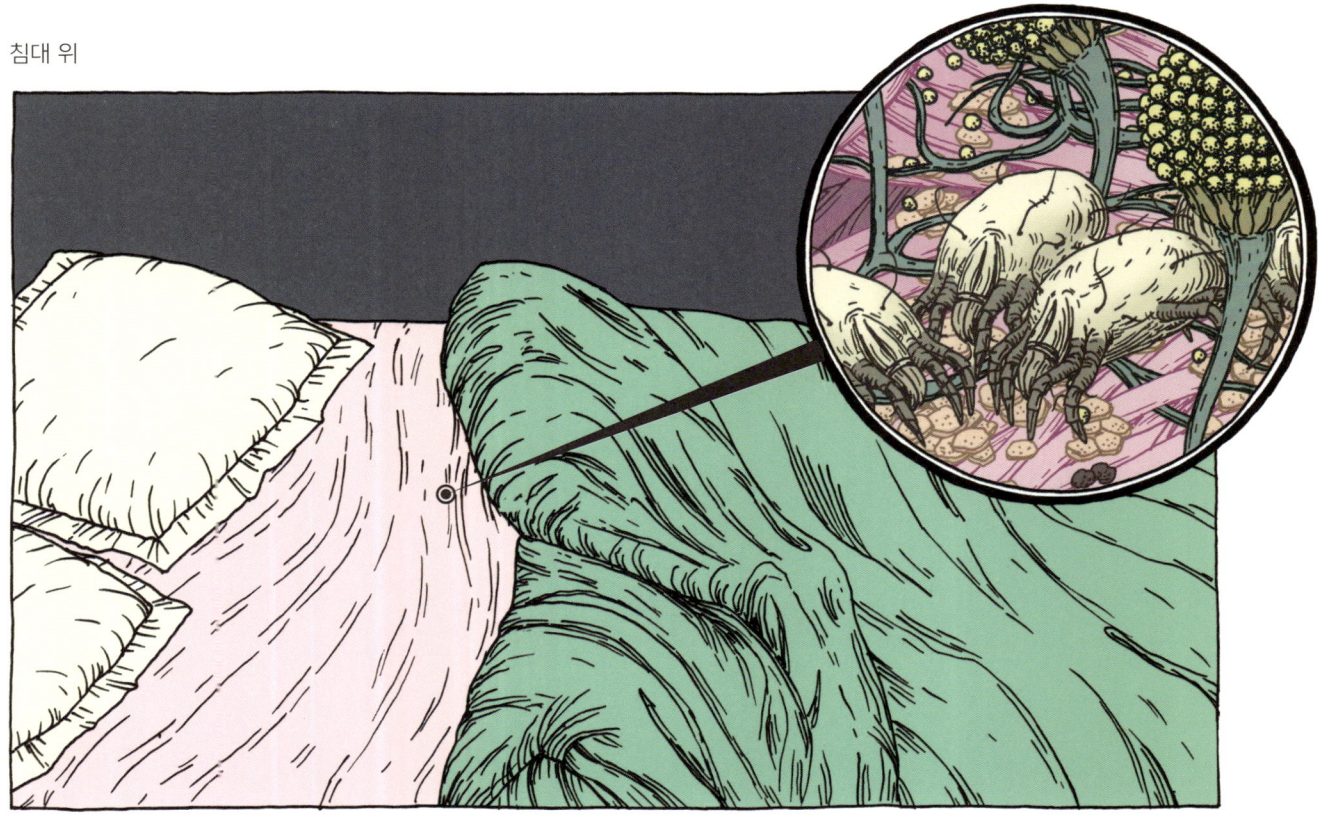

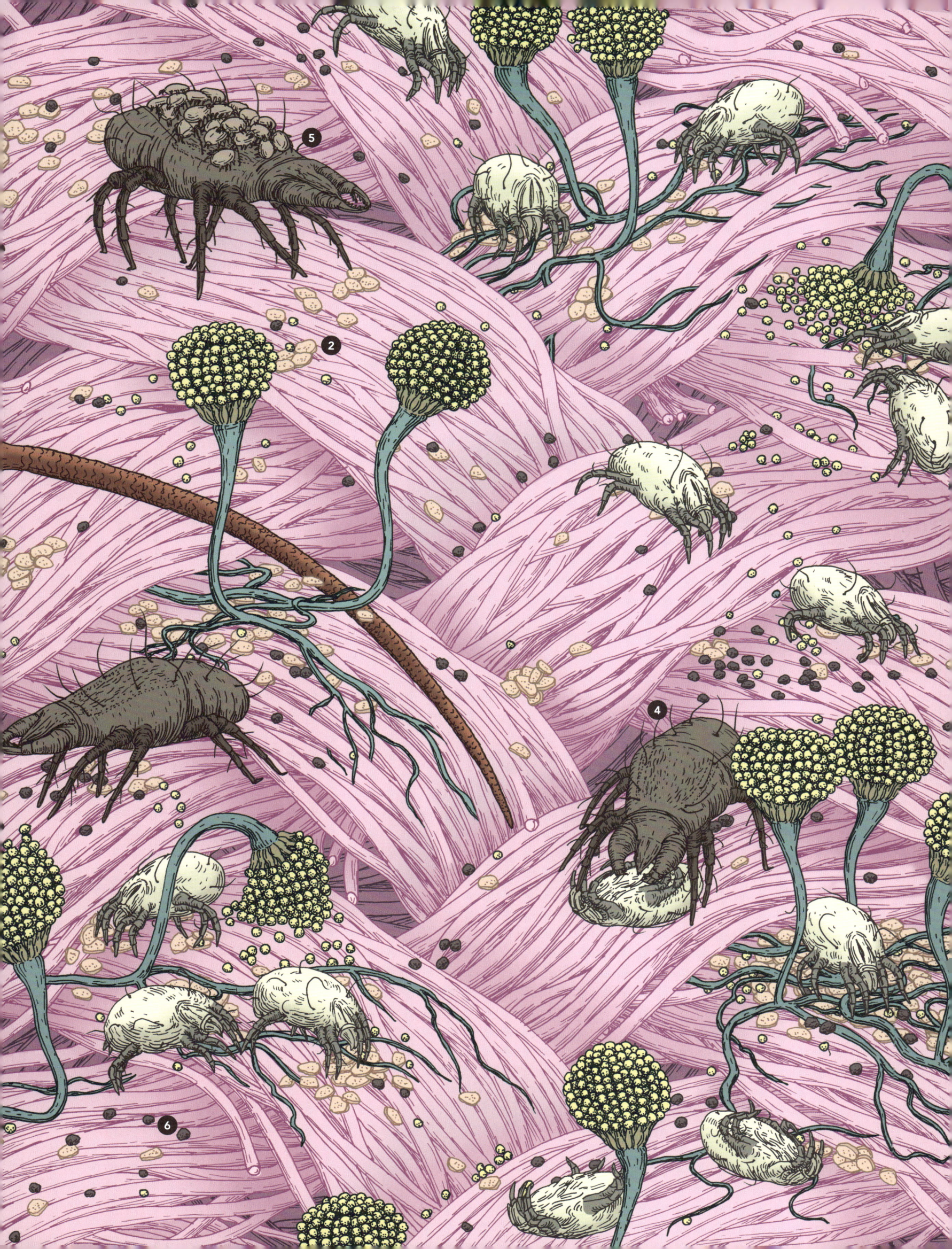

축척 : 6 cm = 1 mm

앗 따가워! 살갗을 파고드는 공격

❶ 모기

진드기*나 벼룩처럼 모기도 다른 동물의 피를 빨아 먹고 사는 흡혈성 곤충*입니다. 동물의 피부에 빨대처럼 생긴 가늘고 긴 주둥이를 찔러 넣어 피를 뺍니다. 피를 빠는 동안 동물의 몸으로 알레르기 반응을 일으키는 물질이 들어가 붉은 반점이나 가려움증을 일으키지요. 그러나 모기에 물려서 가려운 것보다 더 무서운 것은 모기가 옮길 수 있는 질병이에요.

❷ 사람벼룩

사람 피를 빨아먹는 곤충*입니다. 이 작은 흡혈귀는 배를 한 번 채우기 위해 우리를 여러 번 찌르고 살갗에 부스럼을 남깁니다. 한국이나 유럽에선 이제 거의 찾아볼 수 없지만, 사촌뻘 되는 고양이벼룩이나 개벼룩도 여전히 사람 피를 좋아합니다.

❸ 참진드기

참진드기는 몸집이 큰 진드기*입니다. 큰 몸집을 유지하기 위해서, 다른 진드기들과 달리 사람처럼 커다란 동물을 골라 피를 빨지요. 무시무시하게 생긴 참진드기는 일단 공격 목표를 정하면, 목표물에 착 달라붙어 날카로운 작살 모양의 주둥이를 찔러 넣어요. 주둥이를 통해 마취 성분이 있는 침을 흘려 넣어 사냥감 몰래 마음껏 배를 채웁니다. 피를 빨아들일 때마다 참진드기의 몸집이 불어나는 것을 눈으로도 볼 수 있는데, 원래 몸무게의 600배나 무거워지기도 해요. 피를 잔뜩 빨아 먹은 뒤에는 주둥이를 빼고 사람한테서 떨어지지요.

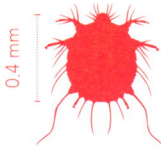

❹ 옴진드기

매우 드문 일이긴 하지만, 옴진드기라는 아주 위험한 진드기*가 우리 피부에 기생(다른 생물에 붙어 영양을 빼앗아 먹고 살아가는 것)할 때가 있습니다. 옴진드기는 한번 자리를 잡으면 쉽게 번식합니다. 살갗 밑에 작은 굴을 파고 알을 낳아요. 이 아늑한 보금자리에서 옴진드기 가족은 아무런 방해도 받지 않고 새끼를 키우지요. 옴진드기 가족이 사는 굴 때문에 살갗은 아주아주 가렵고, 심하면 부스럼도 생기고 짓무르게 됩니다. 이게 바로 '옴'이라는 병이에요. 새끼 옴진드기는 어느 정도 자라면 살갗 위로 나와서 살다가 다른 사람에게 옮겨갈 수 있어, 옴은 아주 쉽게 전염됩니다.

❺ 진드기 유충

여름에 맨발로 들판이나 풀밭을 걸을 때는 진드기*나 진드기 유충(알에서 나온 후 아직 다 자라지 않은 벌레)을 조심해야 합니다. 특히 몸이 빨간색인 진드기 유충은 식탐이 많답니다. 진드기 유충은 살갗이 접히는 곳에 잘 달라붙어요. 주둥이를 우리 살갗에 찔러 넣고 소화액을 분비해, 피부 세포를 액체처럼 만들어 빨아 먹지요. 심하게 가려운 작은 빨간 반점이 있다면, 진드기 유충이 물었다는 증거입니다.

그림에는 없는 모낭진드기

모낭진드기는 오른쪽의 그림에는 없어요. 이 진드기*는 다른 진드기들과 달리 사람의 다리가 아닌 사람의 얼굴에서만 찾아볼 수 있기 때문이에요.

현미경*으로만 볼 수 있는 이 작고 투명한 진드기는 길쭉한 돔 앞쪽에 달린 8개의 짧은 다리로 볼볼 기어 다닙니다. 우리 얼굴에서도 코, 눈썹, 속눈썹, 이마 그리고 귓속에 주로 살면서 죽은 세포와 피지를 먹고 살지요. 피지는 외부의 공격에서 피부를 보호하기 위해 분비된 기름이에요. 모낭진드기가 가장 좋아하는 은신처는 털이 돋아나는 털주머니, 즉 모낭이에요. 밤이 되면 모낭에서 기어 나와서 우리 얼굴 위를 돌아다니다 다른 모낭진드기와 짝짓기를 하지요. 대부분의 경우, 모낭진드기는 우리에게 크게 해롭지 않아서 기생충*으로 보지는 않아요. 이 진드기가 너무 많으면 피부가 벌겋게 변하기도 해요. 그러나 어린이들은 안심해도 돼요. 이 진드기는 다 큰 어른과 노인의 얼굴에서만 사니까요.

8b, 12b, 16b, 18b, 20b, 24b쪽도 보세요.

앗 따가워!
살갗을 파고드는 공격

살갗은 외부의 공격에서 사람의 몸을 지켜주는 방어막입니다. 그런데 많은 동물들이 먹이와 은신처를 찾아 우리 살갗으로 파고듭니다.

비행 편대에서 빠져나온 모기 한 마리가 우리 종아리에 착륙했습니다. 주둥이를 살갗에 꽂아 연료통에 피를 가득 채웁니다. 거기서 몇 밀리미터 떨어진 곳에서는 진드기* 유충들이 공격을 개시 했습니다. 물린 곳의 피부 세포에 독이 주입되고 있습니다. 옴진드기 암컷은 살갗 밑에 자리를 잡고 알을 낳을 수 있는 굴을 팝니다. 몸집이 큰 참진드기는 살갗 속으로 주둥이를 밀어 넣고 피를 빨아 먹습니다. 눈썹과 눈썹 사이에는 모낭진드기가 본부를 차렸습니다. 현미경*으로만 볼 수 있는 작은 모낭진드기는 우리 피부에서 분비되는 피지를 먹으려 합니다.

살갗을 콕콕 찌르거나 긁거나 갉아 먹는 이 꼬마 공격자들은 크기가 너무 작아서 우리가 어찌 맞서 싸우거나 쫓아낼 방법이 없어요. 녀석들이 한꺼번에 다 같이 달려들진 않으니 그나마 다행이지요.

가까이 있는 이 조그만 녀석들의 정체를 파악하고, 용감하게 맞서 봅시다.

사람의 살갗

부엌을 습격하는 꼬마 대식가들

1. 소금 알갱이
2. 머리카락
3. 실오라기
4. 꽃가루
5. 각질

집안의 먼지는 우리 옷에서 떨어진 실오라기, 머리카락, 죽은 피부, 손톱 조각, 곤충*의 사체, 그리고 채소에서 떨어져 나온 꽃가루 등 여러 가지 찌꺼기들이 모여서 만들어집니다. 부엌에서는 빵 부스러기 같은 음식 찌꺼기와 소금이나 설탕 알갱이 등이 더해지죠. 이런 찌꺼기들이 모여 수많은 작은 동물들의 넉넉한 먹을거리가 됩니다.

6. 창고좀벌레 유충

7. 창고좀벌레

딱정벌레의 친척뻘 되는 곤충*입니다. 주로 집 밖에 서식하지만 먹이를 찾아 집 안으로 들어오기도 해요. 수명은 약 70일 정도로 그리 길지 않아요. 다 커서 성충(다 자라서 생식 능력이 있는 곤충. 어른벌레)이 되면 아무 것도 먹지 않지만, 유충일 때는 아무거나 다 잘 먹는 잡식성으로 아주 게걸스럽답니다. 빵이나 과자처럼 밀가루로 만든 음식을 가장 좋아하지만, 책이나 옷처럼 음식이 아닌 것에도 달려들어요.

8. 설탕진드기

진드기* 중에는 음식을 보관하는 곳에 들끓는 녀석들이 있어요. 설탕진드기가 대표적이죠. 부엌 찬장을 습격해 말린 과일, 잼, 꿀, 포도주, 맥주처럼 달콤하거나 알코올 성분이 있는 음식을 먹어 치웁니다.

8b, 12b, 14b, 18b, 20b, 24b쪽도 보세요.

9. 굵은다리가루진드기

굵은다리가루진드기도 부엌의 찬장을 습격해서 과자 같은 밀가루 식품을 갉아 먹습니다. 치즈의 껍질을 아주 좋아해서 유럽에서는 '치즈 진드기'라고도 해요. 유럽의 치즈 제조업자들은 치즈를 잘 숙성시키기 위해 일부러 이 진드기*들을 치즈 껍질 위에 밀가루처럼 뿌리기도 한답니다. 치즈 안으로 공기가 잘 통하고 독특한 풍미를 만들어내도록 말이지요. 이 진드기는 유럽에서 17세기까지만 해도 세상에서 가장 작은 생물이라고 알려졌어요. 나중에 그보다 더 작은 생물들을 발견할 수 있었던 것은 현미경*의 발명과 발전 덕분이에요.

8b, 12b, 14b, 18b, 20b, 24b쪽도 보세요.

10. 집먼지진드기

먼지가 쌓인다는 것은 바로 세로무늬먼지진드기와 큰다리던지진드기 같은 집먼지진드기들에게 먹을 것이 넘쳐나게 되었다는 말입니다. 이 진드기*들이 먼지를 먹으니까 집 안 청소를 해준다고 볼 수도 있지만, 먼지를 소화하고 나온 배설물 때문에 더 미세한 먼지가 발생하지요. 바로 이 미세 먼지가 사람들의 먼지 알레르기 반응을 일으키는 주범이에요.

8b, 12b, 14b, 18b, 20b, 24b쪽도 보세요.

11. 다듬이벌레 혹은 책벌레

틀림없이 여러분 집에도 다듬이벌레가 살고 있을 거예요. 그러나 좀처럼 눈에 띄지 않아요. 어두운 틈이나 구멍, 마루 밑, 걸레받이 혹은 기둥 뒤쪽에 숨어 있거든요. 곰팡이를 굉장히 좋아해서 곰팡이가 잘 피는 벽지 안쪽을 최고의 은신처로 삼지요. 책을 매는데 쓴 풀도 맛있게 먹어서, 우리가 오래된 책을 펼치다가 이 녀석을 깜짝 놀라게 할 수도 있어요. 별명이 '책벌레'인 이 녀석은 도서관 사서나 고서 수집가를 두려워할지도 몰라요.

12. 전갈벌레

전갈처럼 커다란 집게가 있는 무시무시한 포식자예요. 이 전갈벌레가 여러분 집에 자주 드나든다는 사실을 아세요? 기사냥꾼은 작은 움직임도 민감하게 느끼는 '털'을 써서, 먹잇감의 정확한 위치를 찾아냅니다. 먹잇감을 강력한 독 집게로 움켜쥐어 꼼짝달싹할 수 없게 만들고, 소화액을 주입해 먹이의 몸속을 흐물흐물하게 만들어 빨아먹습니다. 그런데 이 거미류* 벌레는 우리 인간에겐 전혀 해를 끼치지 않기 때문에 무서워할 필요는 없어요. 오히려 집안에 있는 파리, 진드기*, 다듬이벌레 등을 잡아먹기 때문에 우리에겐 아주 유익한 벌레랍니다. 게다가 이따금 집 안으로 들어올 뿐, 주로 바깥에서 살아요.

18b쪽도 보세요.

부엌을 습격하는 꼬마 대식가들

여러분은 부엌 구석구석을 자세히 들여다본 적이 있나요? 부엌 구석구석에는 게걸스러운 작은 동물들이 아주 많이 자리를 잡고 살고 있답니다.

집먼지진드기들은 빵가루, 머리카락, 각질로 차린 밥상에 모여 잔치를 벌여요. 좀 더 안쪽에서는 창고좀벌레 유충과 굵은다리가루진드기가 누군가 흘린 과자 부스러기를 두고 격렬하게 전투를 벌이고 있습니다. 바로 옆에는 설탕진드기 몇 마리가 떨어진 잼 한 방울 가까이로 모여드네요. 벽 틈에 모여 있던 다듬이벌레 무리는 녀석들이 좋아하는 곰팡이가 핀 카펫을 발견했어요. 집안의 작은 포식자인 전갈벌레도 이 잔치에 끼어들었습니다. 전갈벌레는 여기에 모인 모든 동물들을 다 먹어 치울 작정이네요.

우리 식탁에 찾아와 우리가 남긴 음식 부스러기들을 꿀꺽꿀꺽 해치우는 쪼끄만 미식가들을 자세히 들여다봅시다.

부엌 모퉁이

축척 : 5 cm = 1 mm

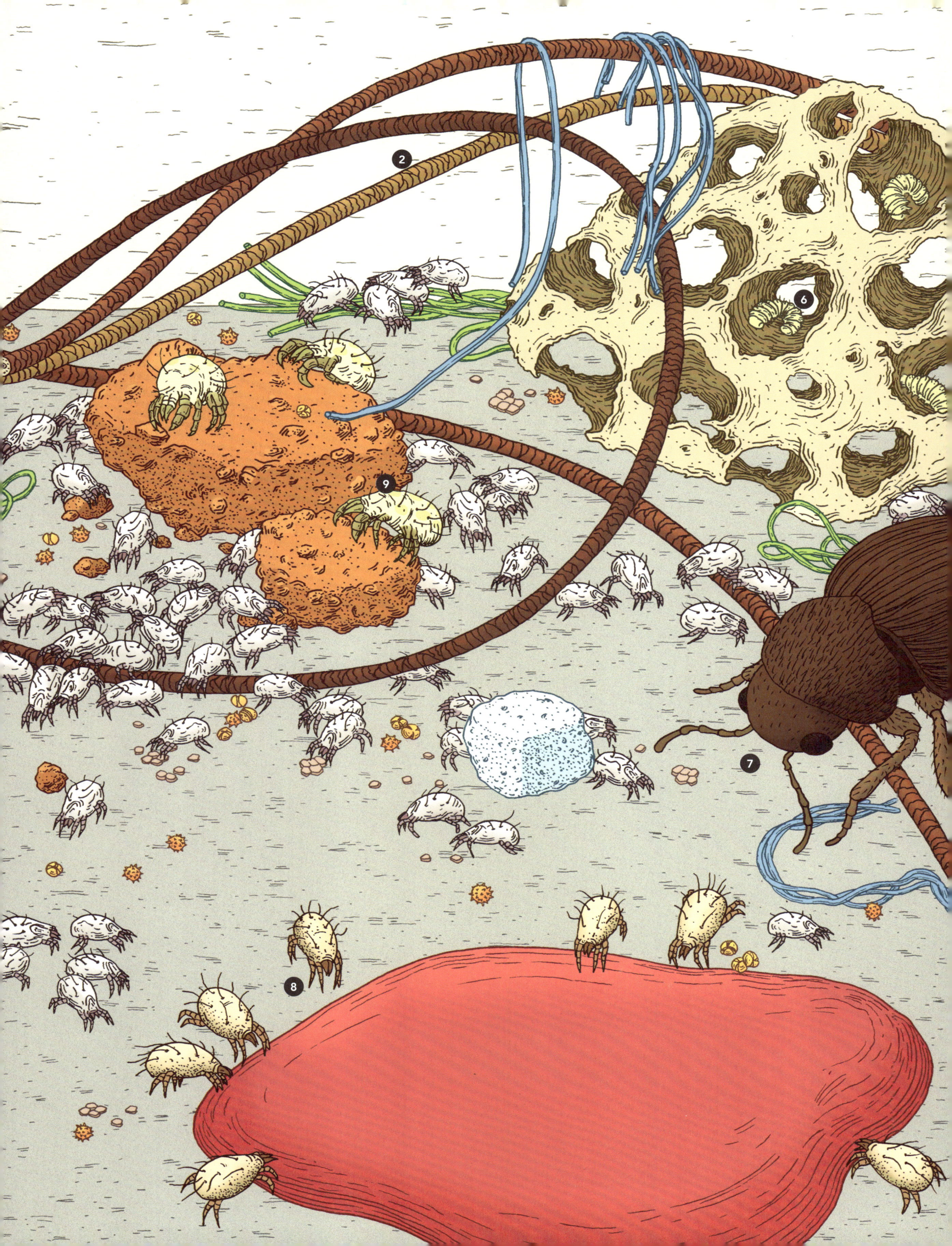

축척 : 2 cm = 1 mm

숲속의 업사이클링 공장

❶ 썩어가는 낙엽

숲속의 땅은 겉면의 낙엽 더미부터 땅속 깊은 곳의 바위에 이르기까지 여러 층으로 돼 있어요. 해마다 가을이 되면 나뭇잎은 땅에 떨어져 낙엽 더미 즉 낙엽층을 이뤄요. 낙엽층은 여러 생물(동물, 세균*, 균류)에 의해 분해되어 숲 특유의 향기를 내는 짙은 갈색의 촉촉한 흙, 부식토가 됩니다. 숲속 땅의 가장 겉면에 있는 흙이지요. 영양이 풍부한 부식토층은 식물이 자라는 데 꼭 필요합니다.

❷ 은기문진드기
❸ 중기문진드기

은기문진드기는 숲에 아주 많이 사는 벌레예요. 다른 벌레들과 함께 낙엽 더미를 분해합니다. 낙엽을 아주 잘게 쪼개 삼켜서 소화를 시키는 거지요. 등껍질이 둥글고 단단해서, 위험하다 싶으면 껍질 속으로 쏙 들어가 숨지요. 몸을 둥글게 말아서요. 어떤 은기문진드기는 위장술을 쓰기도 합니다. 낙엽 부스러기 따위로 몸을 덮어 흙처럼 보이게 하는 거지요. 중기문진드기는 낙엽을 분해하는 일꾼이 아니라 사촌뻘인 다른 진드기*를 잡아먹으러 다니는 포식자예요.

8b, 12b, 14b, 20b, 24b쪽도 보세요.

❹ 톡토기

톡토기도 낙엽 더미를 분해합니다. 톡토기가 낙엽 더미의 맨 윗부분을 갉아 먹으면 세균*이나 곰팡이 혹은 은기문진드기들이 부스러진 낙엽을 더 잘게 쪼개 먹지요. 톡토기는 천적이 다가와 위험하다 싶으면, 아주 특별한 방법을 씁니다. 평소에 배꼽 아래 감춰둔 운동 기관인 도약기를 써서 용수철처럼 튀어 오르는 거지요. 도약기로 톡톡 튀어 다녀 톡토기랍니다.

20b쪽도 보세요.

❺ 쥐며느리

유일하게 땅 위에 사는 갑각류*예요. 억센 턱으로 낙엽을 잘라 잘게 부숴 먹으며, 다른 동물들과 함께 낙엽을 분해합니다. 천적이 다가오면 아르마딜로처럼 몸을 동그랗게 말아서 자신을 보호하지요.

❻ 선형동물

현미경*으로 봐야 보이는 작은 벌레입니다. 바다나 민물에서도 살지만, 축축한 흙에서 아주 많이 살아요. 흙 속에 사는 작은 동물들에게 영양이 풍부한 먹잇감이 되지요.

8b, 10b, 20b쪽도 보세요.

❼ 지렁이

튼튼한 근육을 가진 지렁이는 지구의 농사꾼입니다. 지렁이는 땅 겉면의 낙엽 등 유기물을 땅속 서식지로 운반해 흙과 흔께 먹습니다. 이 과정에서 땅거죽의 유기물은 땅속으로, 땅속의 광물은 땅거죽으로 올라가 흙의 영양분이 고루 섞이게 됩니다. 지렁이가 수없이 오르내리며 그물망 같은 굴이 생겨 땅속까지 공기와 빗물이 잘 스며듭니다. 덕분에 식물은 쉽게 뿌리를 내릴 수 있고 빗물도 충분히 얻을 수 있어요. 지렁이가 먹이를 잘게 쪼개 먹고 뱉은 똥의 영양분은 식물이 흡수할 수 있는 형태라서 지렁이 똥이 섞인 흙은 건강한 부식토가 됩니다. 그래서 철학자 아리스토텔레스는 지렁이를 '대지의 창자'라고 불렀어요.

❽ 홍개미

지렁이처럼 흙을 일구는 농사꾼입니다. 집을 만들며 흙에 공기를 불어넣거든요. 개미집은 여러 개의 방과 통로로 복잡하게 연결되는데, 이렇게 지으려면 흙을 마구 휘젓고 뒤섞어야 한답니다.

❾ 전갈벌레

전갈처럼 생긴 아주 작은 벌레입니다. 숲속의 땅은 전갈벌레에겐 더할 나위 없는 사냥터예요. 좋아하는 먹잇감인 온갖 종류의 진드기*와 톡토기 들이 있으니까요. 전갈벌레는 먹잇감이 가까이 다가올 때까지 가만히 숨어서 지켜보다가, 집게발로 한 번에 붙잡고 독으로 마비시켜 잡아먹어요. 날개가 없는 전갈벌레는 힘을 덜 들이고 멀리 이동할 수 있는 아주 효과적인 수단을 고안해 냈어요. 바로 파리나 벌처럼 자기보다 몸집이 좀 더 큰 곤충*의 발에 몰래 매달려 이동하는 겁니다.

16b쪽도 보세요.

❿ 돌지네

몸이 갈색이고 다리도 많은 돌지네에게 부식토는 최적의 은신처예요. 아주 싫어하는 햇빛도 피할 수 있고 여러 가지 사냥감도 많이 있으니까요. 사냥감들에게 돌지네는 공포의 대상이에요. 몸이 날쌔고 한번 물면 치명적인 독을 주입하거든요. 그래서 진드기*와 톡토기는 물론 심지어 전갈벌레도 돌지네 앞에선 벌벌 떤답니다.

숲속의 업사이클링 공장

숲속의 땅 표면과 땅속에는 수십억 마리의 작은 동물들이 살고 있습니다. 이들은 날마다 밤낮을 가리지 않고 흙을 일구고 있어요.

땅 표면은 낙엽을 부식토로 만드는 거대한 공장이나 다름없어요. 부식토는 식물의 성장을 도와주는 비옥한 흙이에요. 낙엽 더미 겉에 달라붙은 **톡토기**가 낙엽을 야금야금 갉아서 먹고, 옆에서는 **쥐며느리**가 낙엽을 썩둑썩둑 잘라서 먹습니다. **은기문진드기**는 쪼개진 낙엽을 더 잘게 쪼개 먹지요. 그런데 이 작은 세상을 조용히 노려보는 녀석이 있으니 바로 **돌지네**입니다 어떤 벌레든 가까이 오기만 하면 바로 잡아먹을 준비를 하고 있어요. 땅속에선 또 다른 일꾼들이 흙을 뒤섞고 굴을 파느라 바쁩니다. **지렁이**는 굴을 파서 여러 층의 흙에 있는 영양분들을 고루 잘 섞는가 하면, **홍개미**는 흙 알갱이를 물어 열심히 집으로 나르고 있습니다. 이 작은 일꾼들이 매일 하는 이 일로 흙은 비옥해지고, 또 다른 생명이 자라날 바탕이 마련됩니다. 생태계*가 보존되고 지속 가능해지는 거지요.

여러분도 이 업사이클링 공장을 찾아가 열심히 일하는 작은 일꾼들에게 인사를 건네 보는 건 어떨까요?

온대 지방의 숲

숲속 이끼 위 작은 동물들

① 이끼

이끼는 축축한 숲속의 흙이나 바위 위, 나무줄기 같은 데에서 자라는 식물입니다. 이끼의 뿌리는 헛뿌리라 몸을 지지하기만 하고, 물과 영양분을 빨아들이지 못해요. 그래서 이끼는 잎 표면에 얇은 수막을 만들어 물과 영양분을 저장합니다. 물을 좋아하는 작은 동물들이 이 수막을 집으로, 먹이터로 삼지요. 이끼는 날씨에 따라 상태가 달라집니다. 오랫동안 비가 오지 않으면 이끼는 살아남기 위해 호흡이나 성장과 같은 활동을 최소한으로 줄여, 마치 잠자는 것 같은 상태가 됩니다. 비가 안 오는 건조한 날씨가 몇 주 더 계속되면, 이끼는 갈색으로 변해 말라 죽은 것처럼 보이기도 합니다. 하지만 다시 비가 오면, 이끼는 활력을 되찾고 초록빛이 됩니다.

② 곰벌레(완보동물)
③ 휴면 상태의 곰벌레

숲속의 이끼류와 지의류(바위나 나무껍질에 달라붙은 회색, 황록색, 주황색 껍데기처럼 보이는 것들. 돌이끼)에는 곰벌레라는 동물이 살아요. 맨눈으로 볼 수 없을 정도로 아주 작지만 먹성이 좋은 벌레예요. 발톱 달린 8개의 다리로 이끼 속을 헤치며 돌말 같은 미세 조류나 윤형동물 따위를 부지런히 찾아 먹지요. 이끼가 마르면, 곰벌레는 마치 겨울잠을 자는 것처럼 휴면 상태에 들어갑니다. 몸의 수분이 99%나 빠져 쪼그라든 공처럼 될 때까지 꼼짝하지 않고 있을 수 있어요. 활동하기 좋은 조건이 마련될 때까지 며칠 아니 몇 년 동안이라도 휴면 상태로 있기도 합니다. 곰처럼 생긴 이 작은 동물은 아주 춥거나 아주 뜨거운 온도(영하 273℃~영상 151℃)에서도 살아남을 수 있고, 산소가 부족하거나 압력이 높은 곳에서도 살 수 있어요. 그래서 수압이 높은 깊은 바다 속부터 히말라야 정상에 이르기까지 지구상의 거의 모든 곳에서 발견됩니다. 최근 연구에 따르면 우주 공간에서도 살아남을 수 있다고 해요.

8b쪽도 보세요.

④ 윤형동물
⑤ 휴면 상태의 윤형동물

이끼 표면의 수막에 사는, 눈으로는 볼 수 없는 아주 작은 동물입니다. 머리 양쪽에 섬모가 둥그렇게 나 있지요. 윤형동물도 곰벌레처럼 휴면 상태에 들 수 있습니다. 날씨가 건조해지면, 머리와 하나밖에 없는 다리를 껍질 안으로 집어넣어요. 껍질 위로 자기 냄새를 없애는 보호막을 분비한 뒤 휴면 상태에 들지요. 물기가 충분해지면 잠에서 깨어 머리와 다리를 껍질 밖으로 쭉 뻗습니다. 다시 세균* 사냥에 나설 참입니다.

22b쪽도 보세요.

⑥ 선형동물

이끼 표면의 수막에는 선형동물이 아주 많이 삽니다. 선형동물은 물속에서 이리저리 꿈틀대며 움직이는 반투명한 동물이에요. 날이 가물어지면, '포낭'이라는 주머니를 분비하고 그 안으로 들어가, 아무 활동도 하지 않는 휴면 상태가 됩니다. 물기가 충분해지면, 다시 이끼의 수막에서 돌아다니지요.

8b, 10b, 18b쪽도 보세요.

⑦ 은기문진드기

이끼 표면의 수막은 은기문진드기 같은 온순한 초식성 동물이 자주 드나드는 곳이에요. 은기문진드기는 축축한 곳을 좋아하고, 거기서 자라는 돌말 같은 미세 조류와 곰팡이류도 좋아하니까요.

8b, 12b, 14b, 16b, 18b, 24b쪽도 보세요.

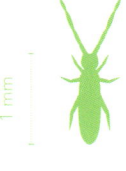

⑧ 톡토기

톡토기에게 이끼는 은신처이자 풍부한 먹이 창고예요. 영양가가 별로 없는 이끼 잎은 먹지 않고, 이끼에 떨어진 꽃가루나 낙엽 조각 같은 식물 부스러기 따위를 그러모아요.

18b쪽도 보세요.

숲속 이끼 위 작은 동물들

어두운 숲속, 말라서 갈색을 띤 이끼 안에도 여러 동물이 잠자고 있습니다. 빗방울이 떨어지거나 이슬이라도 맺히면 작은 동물들이 깨어납니다. 물이 닿으면 작은 숲 같은 이끼는 서서히 초록색으로 변합니다. 이끼의 잎은 서서히 부풀어 오르며 스펀지처럼 물을 빨아들입니다. 이끼 안의 작은 동물들도 깊은 잠에서 깨어나지요. 곰벌레가 슬슬 몸을 추스르더니, 느릿느릿 움직입니다. 선형동물과 윤형동물은 기지개를 켜고는 꿈틀거리며 먹이를 찾아 나섭니다. 이끼 표면의 수막을 찾아온 톡토기와 은기문진드기는 돌말 같은 조류나 곰팡이를 뜯어 먹으려 합니다.

마술처럼 잠에서 깨어나는 이 작은 숲을 찬찬히 살펴봅시다.

온대 숲속의 이끼

축척 : 3 cm = 1 mm

고요한 물속의 숨 가쁜 움직임

❶ 쪽배돌말
돌말은 육지의 식물처럼 햇빛으로 광합성을 하여 영양분을 만들고 자라나는 미세 조류입니다. 광합성으로 지구 생명체들에게 꼭 필요한 산소도 만들어내지요. 돌말은 민물에 사는 패충류나 요각류 같은 동물 플랑크톤의 중요한 먹잇감이기도 합니다.
6b, 8b, 24b쪽도 보세요.

❷ 아메바
대표적인 단세포 생물*입니다. 세포핵이 있어 원생생물*로 분류되지요. 몸이 흐물흐물해서 얼마든지 모습을 바꿀 수 있어요. 몸의 한 부분을 다리처럼 뻗어서 이동하는데, 이 가짜 다리를 '위족'이라 하지요. 먹이를 잡을 때는 위족을 뻗어 세균*이나 돌말을 감싸고, 자기 몸 안으로 삼켜 소화합니다. 아메바는 세포 분열, 즉 하나의 몸을 두 부분으로 나누면서 번식합니다. 이때 세포핵도 함께 나뉘지요. 이렇게 나뉜 각 반쪽은 어른 아메바로 자라납니다.

❸ 짚신벌레(섬모충류)
❹ 종벌레(섬모충류)
짚신벌레, 종벌레는 모두 섬모충류입니다. 섬모충류는 아메바처럼 단세포 생물*이에요. 하지만 아메바와 달리 입이 있고, 몸에 섬모라는 털이 나 있어요. 섬모충류는 종마다 형태가 아주 달라요. 주로 민물에 사는 짚신벌레는 타원형, 종벌레는 이름대로 작은 종 모양이지요.

❺ 유글레나
유글레나도 단세포 생물*이에요. 연둣빛을 띠어서 '연두벌레'라는 예쁜 별명도 있어요. 가느다란 꼬리처럼 생긴 편모를 써서 움직이지요. 세포핵이 있어 원생생물*로 분류됩니다. 유글레나는 식물이기도, 동물이기도 한 원생생물이에요. 어떤 때는 식물처럼 광합성을 해서 살기도 하고, 어떤 때는 동물처럼 미생물을 잡아먹기도 하거든요.

❻ 물벼룩(지각류)
물벼룩은 껍데기가 투명한 작은 갑각류*입니다. 헤엄치는 모습이 독특해요. 물속에서 천천히 가라앉다가, 머리의 큰 촉각 2개를 움직여 위쪽을 향해 홱 올라가는 모습이 육지의 벼룩 같거든요. 그래서 물벼룩이라고 하지요. 갑각류 가운데 지각류에 속하는 물벼룩은 늪이나 연못, 호수에서 흔히 찾아볼 수 있어요. 어린 물고기의 좋은 먹이이지요.

❼ 긴노요각(요각류)
❽ 검물벼룩(요각류)
요각류는 플랑크톤으로 바다에 많이 살지만, 늪이나 호수 같은 민물에도 아주 많이 있답니다. 더듬이가 긴 녀석은 긴노요각, 양옆에 알주머니를 차고 있는 녀석은 검물벼룩 암컷이지요.
6b, 8b, 10b, 24b쪽도 보세요.

❾ 패충류
늪에 가면 조그만 갈색 점들이 떠다니는 것을 볼 수 있어요. 조개처럼 생긴 작은 갑각류*, 패충류예요. 모기 같은 곤충*의 애벌레와 치어(어린 물고기)에게 맛난 먹잇감이지요.
6b, 24b쪽도 보세요.

❿ 완미윤충(윤형동물)
⓫ 선윤충(윤형동물)
늪이나 연못만이 아니라 빗물이 고인 작은 웅덩이에도 갖가지 모습의 다양한 윤형동물이 살고 있어요. 윤형동물에는 헤엄을 쳐서 움직이는 완미윤충 같은 종도 있고, 물풀이나 바위 위에 붙어서 사는 선윤충 같은 종도 있습니다. 윤형동물의 '윤형'은 '바퀴 모양'이라는 뜻이에요. 머리 양쪽에 섬모가 바퀴처럼 둥글게 나 있어 그런 이름이 붙었어요. 2개의 바퀴가 서로 반대 방향으로 돌면 물과 함께 먹이도 빨려 들어오지요. 먹이는 강력한 근육 주머니인 저작낭 속에서 잘근잘근 부수어진답니다.
20b쪽도 보세요.

⓬ 큰털벌레(복모동물)
늪이나 호수에 사는 큰털벌레는 돌말 같은 식물 플랑크톤을 먹어요. 온몸에 난 섬모로 탁한 물속에서도 먹이를 찾아내지요.
8b쪽도 보세요.

⓭ 히드라
말미잘의 사촌격인 히드라는 무시무시한 육식 동물이에요. 동물 플랑크톤 중, 물벼룩이나 검물벼룩 같은 작은 갑각류*를 아주 좋아합니다. 독이 있는 촉수를 쭉 뻗어서 먹이를 잡아, 몸의 위쪽에 있는 입 안으로 집어넣지요. 넓적하고 끈끈한 빨판 같은 다리가 있어서 연못의 물풀에 붙어서 고착 생활을 합니다. 히드라는 몸의 일부가 잘려나가도 다시 자라나요. 그래서 머리를 잘라도 다시 돋아난다는 그리스 신화의 괴물 '히드라'에서 이름을 땄죠.

⓮ 모기 애벌레
잔잔한 늪의 물속엔 털모기 애벌레를 비롯해 갖가지 모기 들의 애벌레들도 살고 있어요. 모기 애벌레들은 몸체가 투명합니다. 윤형동물을 즐겨 먹으며, 성충이 될 때까지 늪이나 호수에서 자라나지요.

고요한 물속의 숨 가쁜 움직임

겉으로 고요해 보이는 연못도 들여다보면 활력이 넘치는 작은 동물들로 붐비고 있습니다. 대도시의 복잡한 도로처럼, 작은 동물들이 연못에서 오가는 교통량은 하루 종일 어마어마하답니다.

물속에서는 물벼룩이 독이 있는 히드라의 촉수를 피해 이리저리 도망 다니고 있습니다. 작은 새우처럼 보이는 패충류는 보드라운 몸을 단단한 껍데기에 숨겼습니다. 단단한 껍데기에 의지해, 여기저기 떠다니는 요각류를 피하면서 조심스레 나아가고 있네요. 작고 통통한 큰털벌레도 연못을 종횡무진 누비고 있습니다. 큰털벌레는 돌말 같은 식물 플랑크톤을 두고, 꼬리가 줄었다 늘었다 하는 윤형동물과 다투고 있어요. 단세포 동물인 아메바는 몸을 두 개로 나누고 또 두 개로 나누기를 거듭하면서 수를 늘려가고 있습니다.

이 모든 활동은 정교하고 아름답습니다. 하지만 아슬아슬하게 균형을 이룬 상태지요. 수많은 생물들 가운데 어느 것 하나라도 수가 너무 많아지거나 너무 적어지면, 다른 생물들도 살아갈 수 없게 되니까요.

결코 잠들지 않는 이 물속 도시의 벅찬 리듬에 귀를 기울여 보세요!

온대 지방의 연못

개울에서 용감하게 싸우는 작은 동물들

❶ 돌말
개울에 서식하는 돌말은 물살에 이리저리 쓸려 다니지만 개울 바닥 조약돌에 달라붙기도 해요. 바닥에 달라붙은 돌말은 갈색의 고운 카펫처럼 보이지요. 돌말은 개울에 사는 작은 동물들에게는 없어서는 안 될 먹잇감이에요.

6b, 8b, 22b쪽도 보세요.

❷ 요각류
요각류는 크기가 작고, 헤엄도 잘 치지 못합니다. 그래서 개울의 강한 물살에 버티지 못해요. 개울 물살에 떠내려가다가 수많은 포식자들에게 냉큼 잡아먹히지요.

6b, 8b, 10b, 22b쪽도 보세요.

❸ 패충류
개울에 사는 동물 플랑크톤입니다. 요각류처럼 물살에 이리저리 휩쓸려 다니지요.

6b, 22b쪽도 보세요.

❹ 산골조개류
산골조개류는 산속 개울 맑은 물에서만 사는 아주 작은 조개입니다. 다 커도 1센티미터가 채 되지 않아요. 개울 바닥에 있으면 자갈처럼 보이지요. 도끼 모양의 힘센 발을 내밀어 기어도 다니고, 자갈에 붙기도 하고, 자갈밭에 몸을 숨기기도 합니다. 물을 빨아들여 돌말 같은 미세 조류나 물풀 조각을 아가미로 걸러 먹지요.

❺ 민물네리타
달팽이나 다슬기랑 비슷한 동물입니다. 배 밑에 달린 넓적한 빨판을 발처럼 써서, 기어 다니거나 바위에 붙어 물살을 버텨내지요. 이런 동물들을 '복족류'라고 해요. 천천히 움직이지만, 단단한 껍질이 있어 포식자로부터 자신을 지켜내지요. 바위나 돌멩이에 붙은 돌말 같은 미세 조류를 갉아먹습니다.

❻ 하루살이 애벌레
하루살이 애벌레는 개울 바닥에 삽니다. 물살에 쓸려가지 않기 위해 성장 단계마다 다양한 방법을 쓴답니다. 알일 때는 배에서 닻을 내리듯 실을 자아내어 물풀이나 자갈에 매달려요. 알에서 깨어 애벌레가 되면, 물살을 피해 자갈 틈에서 지냅니다. 자갈 틈의 돌말 따위를 먹으며 무럭무럭 성장하지요. 여러 차례 껍질을 벗고 나면, 하루살이 애벌레의 몸은 납작해지고 다리에는 발톱도 달리게 됩니다. 납작한 몸과 발톱으로 개울 바닥의 자갈에도 매달릴 수 있고, 물살에도 버틸 수 있게 되는 거지요. 하루살이는 알에서 성충으로 자라기까지 몇 년이나 걸려요. 몇 년 만에 마침내 물 밖으로 나온 하루살이는, 성충이 되어 날개를 펴고 하늘을 날지만 수명은 고작 몇 시간이랍니다.

❼ 플라나리아 (편형동물)
몸이 아주 납작한 동물입니다. 바위 밑에 숨어 있다가 먹이가 나타나면 순식간에 달려들어 배에 난 섬모로 먹이를 붙잡지요. 먹이에 소화액을 묻힌 뒤, 배 한가운데에 있는 입으로 먹이를 삼킵니다.

❽ 먹파리 유충
꽁무니에 달린 빨판으로 개울 속 바위에 딱 붙어사는 작은 벌레입니다. 여럿이 무리를 지어 삽니다. 녀석들은 입가에 난 섬모로 먹이를 걸러 먹어요. 부채 모양의 2개의 섬모 다발이 서로 반대 방향으로 돌면, 물살에 쓸려 돌말이나 동물 플랑크톤이 딸려 들어오거든요. 먹파리 유충은 물 밖으로 나와 탈피를 하면 비로소 날개 돋은 어른 먹파리가 되지요.

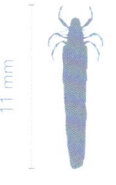

❾ 날도래 애벌레
날도래 애벌레는 거센 물살과 포식자를 피하기 위해 기발한 은신처를 만들어냅니다. 끈적끈적한 침을 뱉어 몸에 바르고, 모래알이든 잔가지든 조개껍데기든 눈에 보이는 대로 몸에다 붙이지요. 마치 침낭 속에 들어간 것 같아요. 달팽이처럼 날도래 애벌레도 '집'을 지고 돌아다니다가, 위험이 닥치면 집 안으로 쏙 들어가요. 어른이 된 날도래 성충은 나비처럼 날개 달린 곤충*이랍니다.

하루살이 애벌레나 집을 지고 돌아다니는 날도래 애벌레 같은 작은 동물들은 개울이 오염되거나 산소 농도가 낮아지면 살 수 없어요. 녀석들이 하천에 살고 있다면 그 하천의 수질은 아주 좋은 거예요. 그래서 사람들은 이런 생물들을 지표 생물*로 삼지요.

❿ 물진드기
대부분의 물진드기는 붉은빛을 띠고 있습니다. 물진드기 다리에는 털과 발톱이 나 있어서, 물살이 거세도 물풀이나 돌 위에 달라붙을 수 있지요.

8b, 12b, 14b, 16b, 18b, 20b쪽도 보세요.

개울에서 용감하게 싸우는 작은 동물들

개울의 빠른 물살에 많은 것이 쓸려갑니다. 패충류나 요각류 같은 작은 갑각류*는 개울 바닥에 달라붙어 있을 힘이 없어 물살에 쓸려갑니다. 하지만 산골조개 같은 작은 조개들은 자갈에 붙어서 거센 물살도 용감하게 잘 버텨내지요. 조약돌 사이, 작은 자갈로 지은 집 속에 있는 녀석은 날도래 애벌레입니다. 열심히 물풀 위로 기어오르는 물진드기를 지켜보고 있습니다. ㄷ-슬기처럼 바위에 붙어서, 돌말을 먹고 있는 것은 민물네리타입니다. 다슬기나 달팽이처럼 배에 있는 빨판을 넓적한 발처럼 써서 기어 다니는 녀석이에요. 그 옆에는 먹파리 유충들이 꽁무니에 달린 빨판으로 바위에 딱 붙어 있습니다. 건너편 조약돌에 단단히 붙은 것은 하루살이 애벌레입니다. 어른이 다 되어서 용감하게 물살을 거슬러 올라가려고 해요

작지만 씩씩한 이 동물들이 거센 물살에 맞서 얼마나 용감하게 싸우는지 보기 위해, 물살 빠른 개울 바닥으로 함께 들어가 봅시다.

물이 흐르는 개울

축척 : 1.5 cm = 1 mm

용어 풀이

갑각류

갑각류는 절지동물*의 한 종류입니다. 갑각이라는 단단한 껍데기를 두르고, 더듬이가 있는 것이 특징입니다. 크기가 아주 작은 새우, 물벼룩, 요각류부터 그보다 덩치가 훨씬 큰 게와 바닷가재 등 종에 따라 크기나 형태가 다양하지요. 갑각류는 보통 물속에 살지만, 쥐며느리는 땅 위에 살아요.

그림 1. 갑각류(유생과 성체도 보세요.

거미류

거미류는 거미, 전갈벌레, 전갈, 진드기* 등을 모두 아우르는 말입니다. 더 큰 무리인 절지동물*에 속하지요. 곤충류*와 달리 거미류는 4쌍의 다리가 있고, 입 주변에는 협각이라는 1쌍의 집게가 있어요. 거미류의 크기는 몸길이가 1mm가 채 안 되는 진드기부터 15cm나 되는 타란툴라에 이르기까지 아주 다양합니다.

계

생물을 분류*할 때 가장 큰 단위가 계입니다. 오랫동안 사람들은 생물을 동물계와 식물계, 이렇게 2개의 계로만 분류했어요. 19세기와 20세기에 현미경을 통한 연구가 발전하면서 원생생물계와 세균계, 균계 등 새로운 계를 발견했지요. 최근에는 고세균계가 더해졌어요. 오늘날, 과학자들은 생물을 6개의 계로 나누어요.

그러나 최근에는 이런 분류 기준도 흔들리고 있어요. 유글레나(22b쪽을 보세요) 같은 미생물을 보면 동물계와 식물계를 가르는 경계도 뚜렷하지 않다는 사실이 드러나고 있으니까요.

곤충류

곤충은 다리는 3쌍, 몸은 3부분(머리, 가슴, 배)으로 나뉜 것이 특징이에요. 백만 종이 넘는 동물이 곤충으로 분류되지만 앞으로 수만 종의 곤충이 더 발견되리라 짐작합니다. 곤충류는 좀 더 큰 무리인 육각류의 한 종류입니다. 톡토기가 곤충이 아닌 육각류이죠. 곤충류, 육각류 모두 절지동물*에 속합니다.

18b와 20b쪽도 보세요.

극한 생물

대부분의 생물이 살기 힘든 가혹한 환경에서 사는 생물을 극한 생물이라고 합니다. 미생물 가운데에는 극한 생물이 제법 있어요. 곰벌레는 100°C가 넘는 고온에서, 톡토기는 빙하 지대에서, 동갑동물은 산소가 거의 없는 깊은 바다에서도 살 수 있어요.

기생

다른 생물에 붙어서 살며 그로부터 영양분을 섭취하는 것을 '기생'이라 합니다. 미생물은 크기가 아주 작아서 숙주(영양분을 빼앗기는 생물) 몰래 기생하여 살 수 있습니다(세균이나 바이러스가 다른 생물에 붙어 증식하는 것은 '감염'이라고 해요). 숙주의 털이나 피부에 붙어서 기생하는 생물이 있는가 하면, 숙주의 몸속에 들어가 위나 소화관에 자리를 잡고 기생하는 생물도 있어요. 요각류나 패충류는 물고기의 아가미에 붙어서 영양분을 빼앗아 먹고 산소도 빨아 먹지요. 갯가재 껍데기에 붙어서 쉽게 이동하기도 하고요. 어떤 요각류는 물벼룩의 알주머니에 들어가 알을 빼 먹기도 한답니다. 선형동물 중에는 사람이나 소, 돼지의 장이나 식도 등에 살면서 단백질 등 영양분을 빼앗아 먹는 녀석도 있어요. 미생물은 동물뿐만 아니라 식물에도 기생합니다. 톡토기나 진드기는 풀 줄기에 주둥이를 꽂아서 즙을 빨아 먹어요. 다 빨아 먹고 나면 다른 식물에게 옮아가지요.

단세포 생물

생물은 세포가 하나뿐인 단세포 생물과 세포가 여러 개인 다세포 생물로 구분됩니다. 단세포 생물 안에서는 세균*처럼 세포핵이 없는 것과, 원생생물*처럼 세포핵이 있는 것으로 구분되지요. 동물과 같은 다세포 생물은 세포핵이 있는 세포를 여러 개 갖고 있어요. 이런 세포들이 모여 뼈와 살 그리고 그 밖의 신체 기관이 만들어집니다.

생물 분류 6계

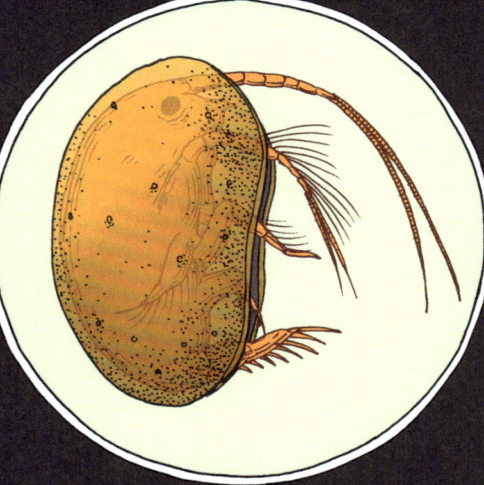

패충류
몸길이 : 1mm

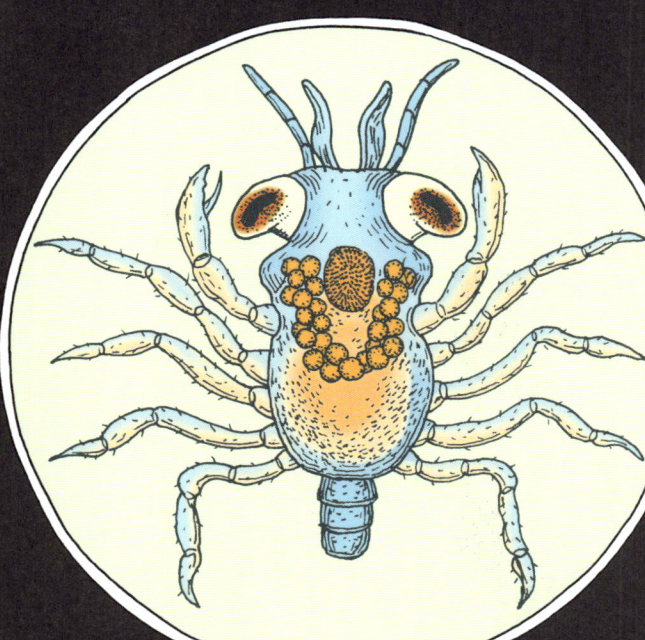

게의 메갈로파 유생
몸길이 : 1.8mm

요각류
몸길이 : 1mm

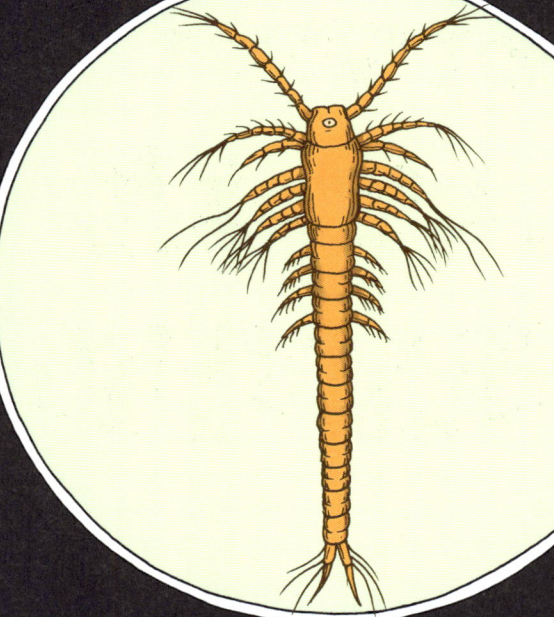

수염새우
몸길이 : 0.5mm

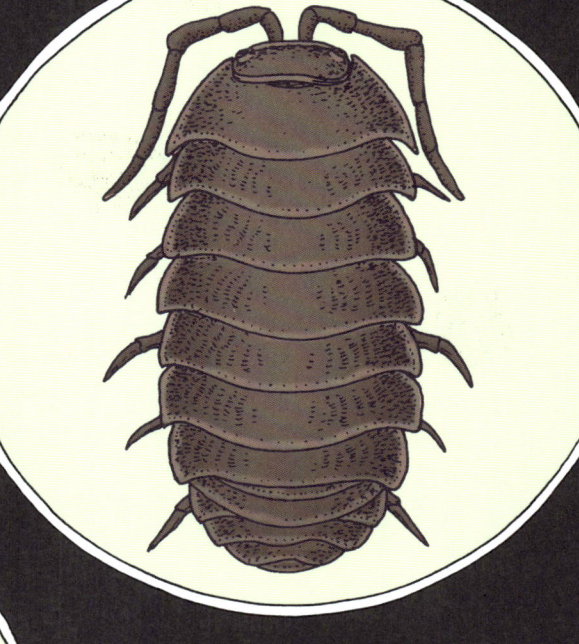

쥐며느리
몸길이 : 7~11mm

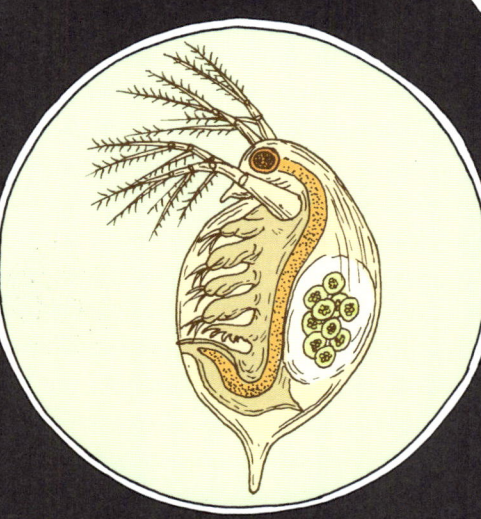

물벼룩
몸길이 : 2mm

그림 1. **갑각류**(유생과 성체)

먹이 사슬(먹이 그물)

식물 플랑크톤과 세균*은 수많은 원생동물, 선형동물, 지렁이 같은 아주 작은 동물들에게 꼭 필요한 먹이입니다. 식물 플랑크톤과 세균에게 이런 동물들은 포식자이죠. 이 포식자들도 더 힘센 포식자들의 먹잇감이 되고요. 이렇게 먹고 먹히는 관계를 '먹이 사슬'이라 합니다. 오늘날의 고학자들은 이 관계를 '먹이 그물'이라 부르는 것을 더 좋아해요. 어떤 동물이라도 여러 종류의 먹이를 먹고, 그 동물도 여러 종류의 포식자에게 먹이가 되니까요. 이 체계는 아슬아슬하게 균형을 유지하고 있어요. 한 생물이 멸종하면 먹이 그물 관계에 있는 다른 동물에게도 심각한 영향을 미치니까요. 바로 인간에게도 말이죠.

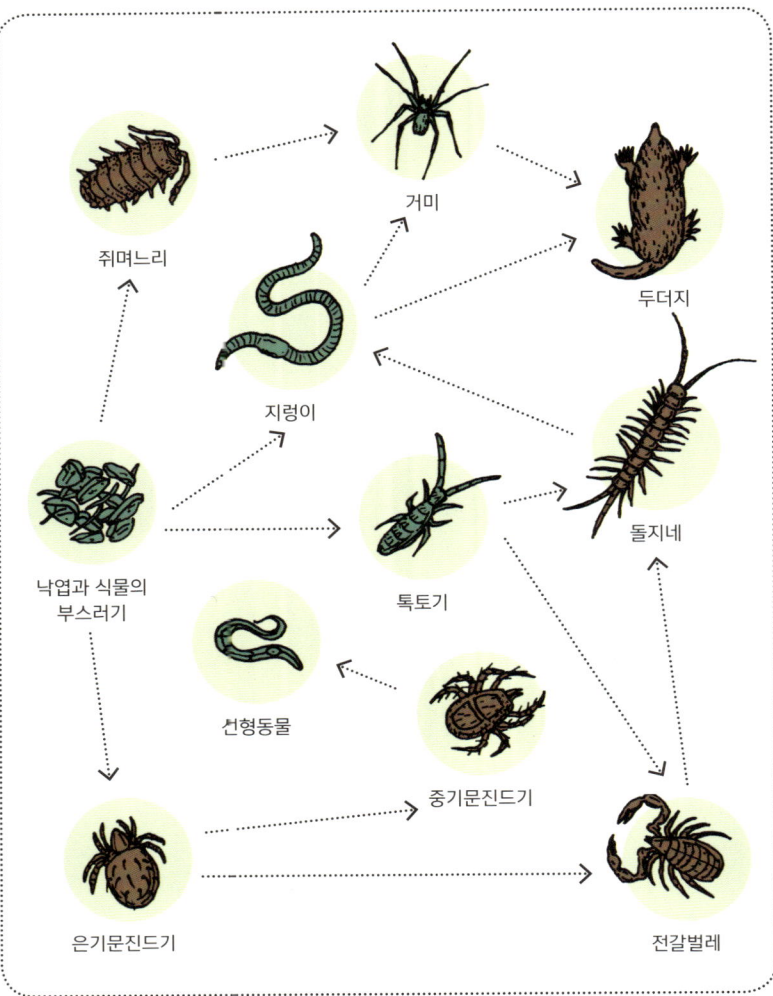

숲속 땅의 먹이 사슬
화살표 ┈┈> 는 먹잇감에서 출발해 포식자로 향하고 있어, 누가 누구에게 먹히는지 보여줍니다. 예를 들면 쥐며느리와 지렁이는 모두 거미에게 먹히지요.

배율

관찰하려는 대상이 작을수록 상을 크게 확대해야 하지요. 상을 크게 확대하는 것을 '배율을 높인다'고 합니다. 예를 들어 50배율이라는 것은 50배로 확대한다는 뜻이에요. 실제는 1mm이지만 5cm까지 확대해 본다는 거지요(축척: 5cm = 1mm라고 표시해요). 이 책에서 가장 작은 동물은 150배율로 확대되었답니다!

31쪽의 측정 단위도 보세요.

분류

분류는 몇 가지 기준에 따라 생물을 무리로 묶는 것입니다. 가장 기본이 되는 무리는 '개체 사이에서 생식(암수의 짝짓기로 다음 세대를 얻는 것)이 가능한 생물 무리'입니다. 이런 무리를 '종'이라 하지요. 서로 비슷한 종들을 묶으면 '속'이라는 무리가 되고, 속은 다시 '과'라는 무리가 되어, 가장 큰 무리인 '계'에 이르게 되지요(종-속-과-목-강-문-계).

예전에는 생물의 생긴 모습과 해부학적 구조를 바탕으로 생물을 분류했어요. 그러나 최근에는 유전자를 이용해서 분류합니다. 각 생물들의 공통 조상이 무엇인지, 생물들이 어떻게 서로 다른 계통으로 진화했는지 알 수 있지요. 또, 전혀 관련 없어 보였던 생물 간에도 비슷한 점을 찾아냅니다. 예를 들면 버섯 같은 균류는 양상추 같은 식물보다 사람 같은 동물에 더 가깝답니다! 분류법은 계속 발전하고 있어요. 최근에는 여러 미생물들의 계통을 다시 분석하여, 분류학적 위치가 바뀐 종들도 꽤 많답니다.

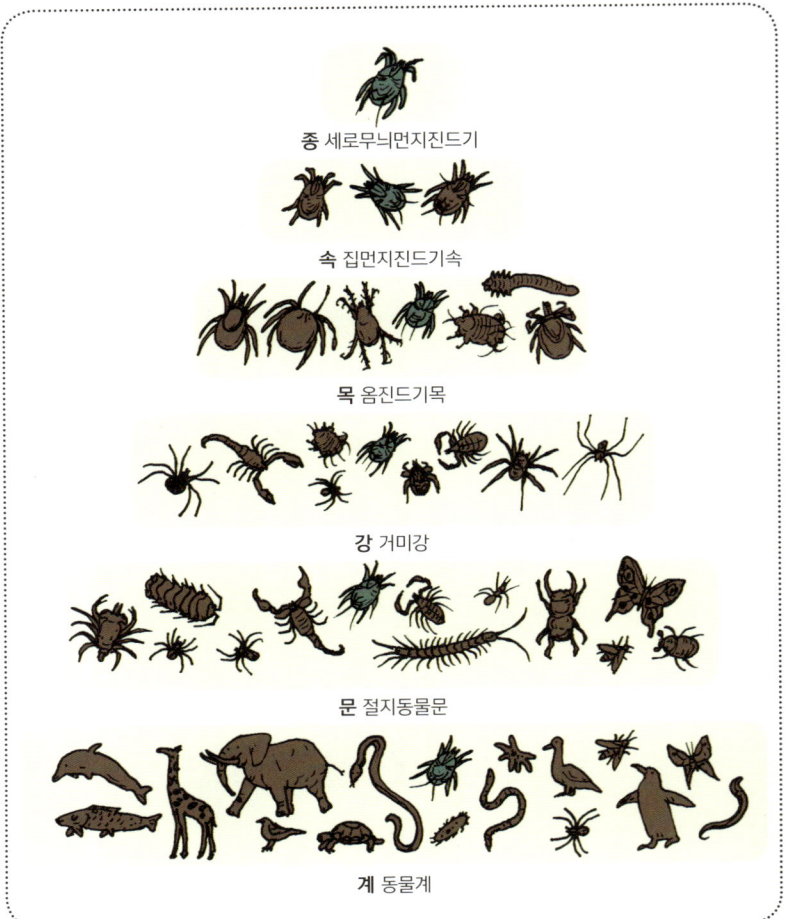

세로무늬먼지진드기의 분류

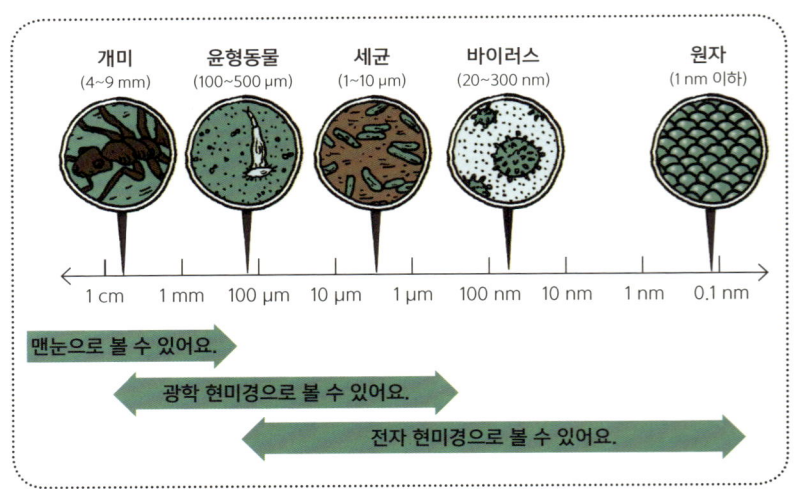

크기와 배율

28

생태계

생태계란 어떤 지역에 살아가는 생물들과 이 생물들에 영향을 미치는 환경 요인을 포함한 복합적인 체계를 말합니다. 어떤 부분에 주목하느냐에 따라 생태계는 아주 클 수도, 아주 작을 수도 있어요. 지구는 거대하고 복잡한 생태계예요. 대양과 대륙도 마찬가지예요. 좀 더 작게는 숲, 연못, 갯벌 그리고 강 역시 거대하고 복잡한 생태계예요. 나무 그루터기나 바위에 난 한 타래의 이끼에도 수많은 미생물이 살고 있으므로 이끼도 하나의 미소微小 생태계라고 할 수 있어요.

지구에서 이끼까지 다양한 생태계

세균

세균은 박테리아라고도 합니다. 세포 하나로 이루어진 단세포 생물*이에요. 크기가 아주 작은데, 보통 1μm(마이크로미터: 백만 분의 1m. 0.001mm) 정도 되지요. 세균은 지구에 생명이 출현한 초창기에 나타난 가장 원시적인 형태의 생물입니다. 종류도 매우 다양하고, 다양한 환경에서 사는데 심지어 인간의 몸속에도 살지요. 비옥한 토양이나 물속에 많이 살고, 특히 토양 1g 속에는 약 30억 마리 이상의 세균이 삽니다. 흔히 세균을 병을 옮기는 매개체인 병원균으로 생각하지만, 병원균은 세균 중 아주 일부일 뿐입니다. 세균은 발효나 부패 작용을 하며 생태계의 물질 순환에 중요한 역할을 합니다. 많은 미생물들의 먹이이고, 먹이 사슬*의 시작점을 이루지요.

원생생물

1800년대 말, 현미경을 이용한 관찰 덕분에 과학자들은 아주 작은 생물들을 발견했어요. 하나의 세포로 이루어진 아주 미세한 생물이었지요. 이런 미세한 생물 중에는 동물에 속하지도 않고 식물에 속하지도 않는 생물이 있었습니다. 과학자들은 이런 생물 중 물속에 사는 생물을 '원생생물'이라고 불렀어요. 원생생물은 종에 따라 모습과 생활 방식이 아주 다양합니다.

이들에 대해 연구할수록 종류가 너무 다양해서 원생생물이라고 한꺼번에 묶어도 되는지 의문이 생기고 있어요. 하지만 생물을 분류할 때 유용한 점이 있어 이 이름을 계속 쓰고 있지요.

절지동물

몸과 다리에 마디가 있고, 껍데기가 딱딱한 것이 특징입니다. 뼈대가 몸속이 아닌 겉에 있어서 딱딱한 껍데기를 두르고 있는 거지요. 단단한 껍데기를 '각피' 혹은 '외골격'이라고 불러요. 절지동물은 몸이 커지면 허물을 벗어야 해요. 몸보다 작아진 껍데기를 벗고, 새 껍데기를 만들어 입는 거예요. 절지동물은 동물 중 종류가 가장 많은 무리인데, 곤충류*, 갑각류*, 다지류, 거미류*, 전갈류 등이 모두 절지동물에 속합니다.

지표 생물

아주 작은 동물이나 식물은 환경 변화에 민감합니다. 그래서 서식하는 생물의 종류를 보면 그곳의 대기나 수질의 오염도를 알 수 있지요. 이런 생물종을 '지표 생물'이라 해요. 예를 들어 옆새우·강도래가 서식하면 깨끗한 물로, 실지렁이류만 서식하면 오염된 물로 볼 수 있어요. 환경 변화에 민감한 생물종이 살고 있다면 그 지역의 환경과 생태계는 건강한 거예요. 그 생물종이 살지 않는 건 환경에 문제가 있는 거지요. 특히 선형동물과 요각류의 개체 수는 강과 바다의 오염도를 보여 준답니다.

여러 가지 원생생물

은기문진드기
몸길이: 0.7mm

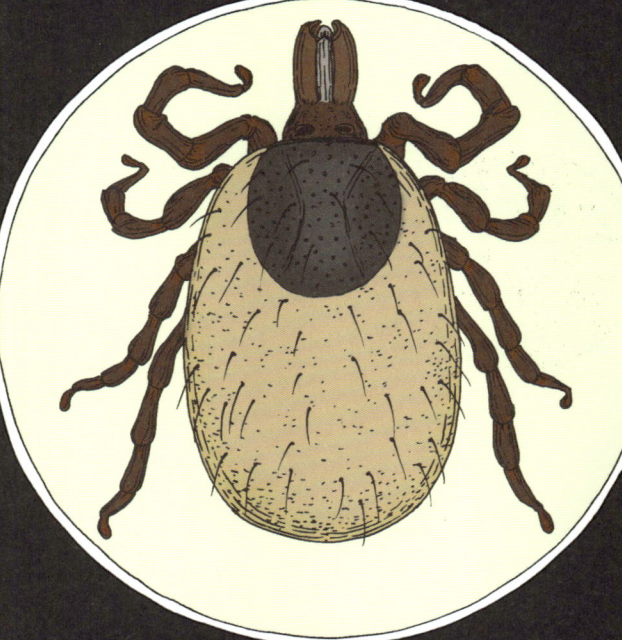

참진드기
몸길이: 3mm (배를 채우기 전)

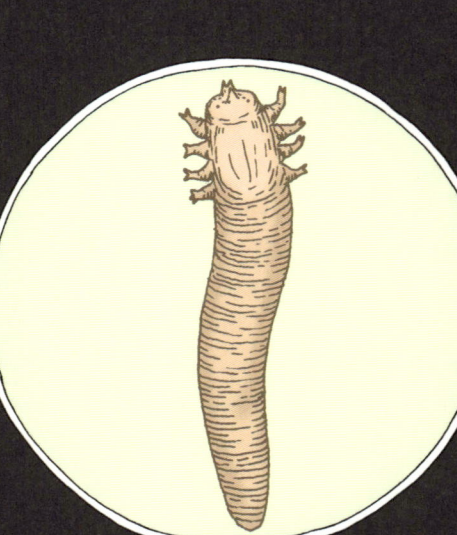

집먼지진드기
몸길이: 0.3mm

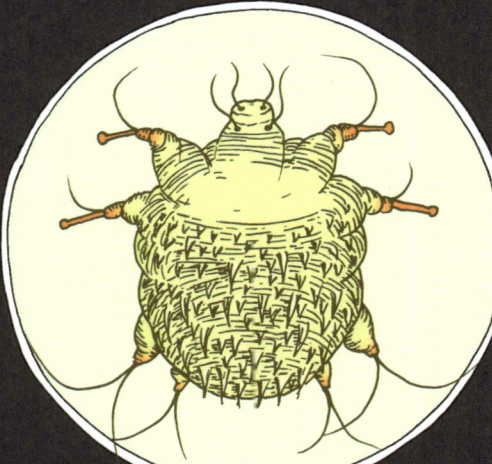

옴진드기
몸길이: 0.4mm

모낭진드기
몸길이: 0.3~0.4mm

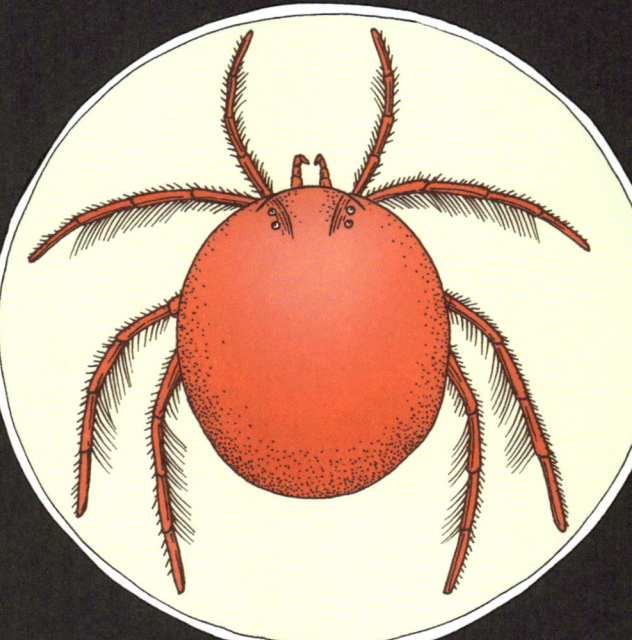

물진드기
몸길이: 2mm

굵은다리가루진드기
몸길이: 0.5mm

모래펄에 사는 진드기
몸길이: 0.4mm

그림 2. **진드기류**

진드기

진드기도 거미처럼 거미류*에 속합니다. 거미는 몸이 머리가슴과 배 이렇게 두 부분으로 구분되지만, 진드기는 몸이 구분되지 않습니다. 진드기는 수많은 종이 있고 갖가지 환경에서 서식합니다. 은기문진드기와 중기문진드기는 숲속의 흙에서, 집먼지진드기는 실내, 특히 침대에 주로 살아요. 심지어 모낭진드기는 우리 얼굴로 올라와 살지요. 물진드기처럼 담수나 바다에 사는 것들도 있어요.

그림 2. 진드기류도 보세요.

채집

과학자들은 생물이 사는 환경에 따라 채집 방식을 달리합니다. 바다의 플랑크톤을 채집할 때는 아주 촘촘한 그물망을 씁니다. 그물망을 바다에 몇 분 동안 담그고, 이리저리 휘저어 플랑크톤이 들어오게 하지요. 흙이나 모래에 사는 생물을 채집할 때는 특정한 크기의 동물만 가려내도록 특정한 굵기의 채망을 씁니다. 이끼에 사는 생물을 채집할 때는 이끼의 수분을 꽉 짜서 미생물을 추출합니다.

현미경

현미경은 여러 개의 렌즈로 관찰 대상의 상을 크게 확대해서 보여주는 기구입니다. 확대된 상은 아주 작은 물체를 연구할 때 꼭 필요합니다. 맨눈으로는 볼 수 없는 물체나 생물도 확대된 상을 통해 아주 자세하게 관찰할 수 있거든요.

대부분의 현미경은 빛을 비추어 작은 물체를 확대합니다. 광학 현미경이라 하지요. 그러나 최근의 아주 강력한 전자 현미경은 전자를 이용해, 광학 현미경보다 100배 이상 확대된 이미지를 얻습니다.

현미경이 발달하면서 과학자들은 원생생물*, 세균* 같은 작은 유기체나 바이러스처럼 훨씬 더 작은 입자를 발견하게 되었고, 생물학과 의학도 획기적으로 발전했지요.

현미경의 역사도 보세요.

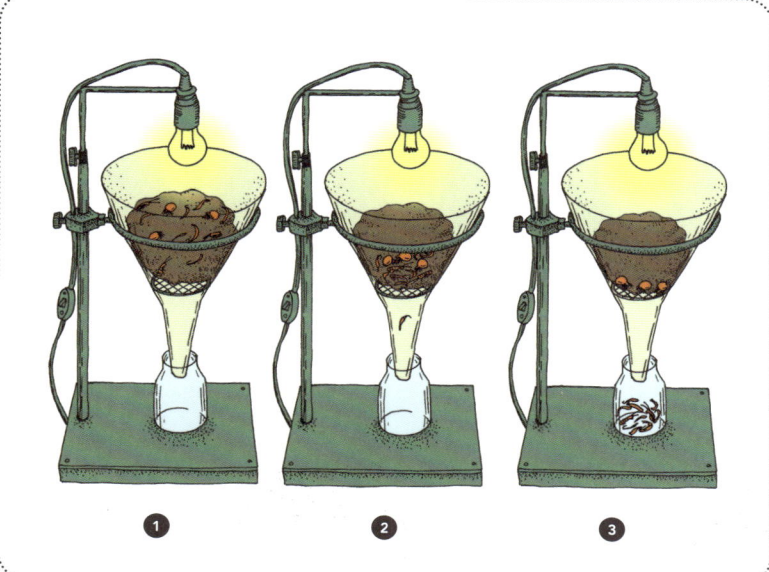

흙에서 미생물을 채집하는 방법(베를레제 깔때기)

1. 흙 표본을 용기를 받친 깔때기 안에 넣어요. 깔때기 위에는 전등을 설치합니다.
2. 표본 안에 있는 미생물들은 전등의 빛과 열을 피해 깔때기 아래쪽으로 내려와요.
3. 깔때기 중간의 촘촘한 채망에 흙은 걸리고, 미생물들만 채망을 통과해 용기 안으로 떨어집니다. 과학자들은 이 미생물들을 현미경으로 관찰하지요.

측정 단위

미생물을 측정하기 위해서는 밀리미터(mm)나 마이크로미터(μm) 혹은 나노미터(nm) 같은 측정 단위를 사용해야 해요. 1밀리미터는 1000분의 1미터이고, 1마이크로미터는 1000분의 1밀리미터이며, 1나노미터는 1백만분의 1밀리미터예요.

정리하면 이렇게 돼요. 1mm=0.001m, 1μm=0.001mm, 1nm=0.000001mm

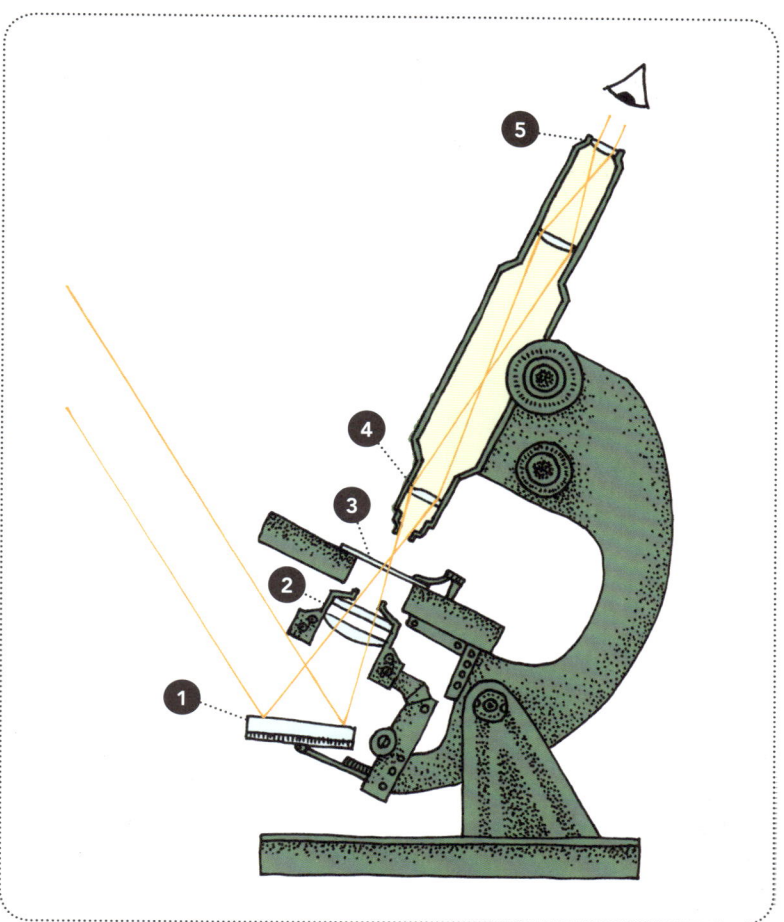

현미경의 구조

1. **반사경**
   관찰할 표본에 빛을 모아 비추는 장치입니다.

2. **집광기**
   램프가 내보내는 빛을 관찰 대상물에 집중시킵니다.

3. **깔유리**
   표본을 올려 빛이 비추도록 합니다.

4. **대물렌즈**
   표본에서 나온 빛을 모아 표본의 상을 확대해 맺습니다.

5. **접안렌즈**
   표본의 상을 한 번 더 확대하고 선명하게 보이게 합니다.

현미경의 역사

중세
렌즈 사용법의 발전

사람들은 고대부터 사물을 확대해서 보는 렌즈의 원리를 알고 있었어요. 그렇지만 렌즈를 널리 이용하게 된 것은 중세 때였지요. 책 위에 유리나 수정 같은 광물로 만든 커다란 렌즈를 올려서 글자를 확대해서 보았어요. 안경 제조업자들은 콧등에 두 개의 렌즈를 걸치는 안경도 만들어 팔았고요. 이때부터 박물학자들도 렌즈를 사용했어요. 작은 곤충*을 관찰하는 돋보기로 쓴 거지요.

1590
복합 현미경 발명

아버지 얀센과 아들 얀센은 네덜란드의 안경 제조업자였어요. 1590년, 이들 얀센 부자는 획기적인 현미경을 만들었어요. 렌즈가 1개가 아니라 2개인 복합 현미경이었어요. 원통형의 몸체 양 끝에 렌즈가 달려 있었지요. 관찰자가 눈을 대는 쪽의 렌즈를 접안렌즈, 관찰 대상을 향하는 쪽의 렌즈를 대물렌즈라고 했어요. 이 현미경으로 물체를 최대 10배까지 확대해서 볼 수 있었어요.

1650년대
복합 현미경 개량

1600년대 중반에 영국의 과학자 로버트 훅은 그의 현미경에 렌즈 하나를 더했어요. 3개의 렌즈를 사용해 확대 배율이 크게 높아져 최대 30배까지 확대할 수 있게 되었지요. 게다가 독창적으로 빛을 조절할 수 있는 장치를 고안해, 관찰 결과가 훨씬 더 좋아졌지요. 훅은 그의 현미경 덕분에 벼룩과 진드기*를 아주 정확히 그릴 수 있었어요.

1600년대 후반
다시 등장한 단렌즈 현미경

네덜란드의 박물학자 안토니 판 리이우엔훅은 단렌즈 현미경을 다시 새롭게 만들었어요. 그가 만든 작은 현미경의 높은 배율에 당대 과학자들은 깜짝 놀랐답니다. 그는 더 작고 더 배율이 높은 렌즈를 만들 기술을 발전시킨 거예요. 작고 배율이 높은 렌즈를 그가 새롭게 고안한 장치에 끼웠어요. 이 렌즈 덕분에 그는 윤형동물, 정자, 원생생물* 그리고 심지어 세균*까지 발견할 수 있었어요. 맨눈으로 볼 수 없는 생물이 있음을 알린 거지요.

1800년대
광학 현미경의 완성

복합 현미경이 기술적으로 발전하면서 1800년대에는 수많은 세균*을 발견하는 등 많은 것을 새롭게 발견하게 되었어요. 과학자들은 세균을 좀 더 자세하게 연구할 수 있게 되었고, 의학도 크게 발전했지요. 1800년대에 기술적으로 발전한 광학 현미경은 오늘날에도 미생물을 관찰하는데 널리 사용됩니다.

1933
전자 현미경의 발명

우리 눈은 대상에서 반사되는 빛을 통해 대상을 봅니다. 그러나 어떤 대상은 너무 작아서 빛이 그냥 지나칩니다. 그래서 렌즈가 더할 나위 없이 빛을 잘 모아준다고 하더라도 광학 현미경엔 한계가 있어요. 빛을 비추기엔 너무 작은, 0.2마이크로미터 이하의 물체를 관찰하기는 어려웠거든요. 1933년에 독일의 기술자들이 전자 현미경을 만들어냈습니다. 이 현미경은 관찰 대상을 '비추고자' 할 때, 빛(다른 말로 광자)을 사용하지 않고 전자를 사용해요. 이 기기 덕분에 우리는 수많은 바이러스를 관찰하고 그 정체를 밝힐 수 있어요. 바이러스는 광학 현미경으로 볼 수 있는 대상의 수천분의 일 크기니까요.

찾아보기

가
각질 12a, 12b, 16a, 16b
갈고리노벌레(요각류) 8b, 10b
갑각류 6a, 6b, 8a, 18b, 22b, 24a, 24b
개울 24a, 24b
갯지렁이(다모류) 10a, 10b
거미류 12b, 16b
검물벼룩(요각류) 22b
고착 생활 22b
곤충 14b, 16b, 18b, 22b
곰벌레(완보동물) 8a, 8b, 20a, 20b
곰팡이 12b, 16b, 18b, 20a, 20b
광합성 6b, 22b
굵은다리가루진드기 16a, 16b
극한 생물 10b
기생충 14b
긴노요각(요각류) 22b

나
날도래 애벌레 24a, 24b
늪 22b

다
다듬이벌레(책벌레) 16a, 16b
단세포 동물 6b, 8b, 22a, 22b
더듬이 8b, 22b
도약기 18b
돌말 6a, 6b, 8a, 8b, 20a, 20b, 22b, 24b
돌지네 18a, 18b
동갑동물 10a

마
먹이 사슬 6b
먹파리 유충 24a, 24b
모기 14a, 14b
모기 애벌레 22b
모낭진드기 14a
모래펄 8a, 8b
물고기 알 6a, 6b
물벼룩(지각류) 22a, 22b
물진드기 24a, 24b
민물 18b, 22b
민물네리타 24a, 24b

바
바다 6a, 6b, 10a, 10b, 18b
바다 밑바닥 8a, 8b
바다 눈 10b
방산충 6b, 8b, 10b
보호막 20b
복족류 24b
부식토 18a, 18b
빨판 22b, 24a, 24b

사
사람벼룩 14b
산골조개류 24a, 24b
산소 6b, 22b, 24b
살갗 14a, 14b
생태계 6a, 6b, 18a
선윤충(윤형동물) 22b
선형동물 8a, 8b, 10b, 18b, 20a, 20b
설탕진드기 16a, 16b
섬모 6b, 8b, 10b, 20b, 22b, 24b
섬모충류 22b
성충 16b, 22b, 24b
세균 8b, 10a, 10b, 18b, 20b, 22b
세로무늬먼지진드기 12a, 12b, 16b
소화액 12b, 14b, 16b, 24b
수막 20b
수염새우 8a, 8b
숲속 18a, 18b

아
아메바 22a, 22b
알레르기 12b, 16b
연못 22a, 22b
옆새우 8a, 8b
옴진드기 14a, 14b
완미윤충(윤형동물) 22b
요각류 6a, 6b, 8b, 10a, 10b, 22a, 22b, 24a, 24b
원생생물 6b, 8b, 22b
위족(가짜 다리) 6b, 22b
유공충 8b, 10b
유글레나 22b
유생 6a, 6b
유종섬모충 6b
유충 16a, 16b, 24a, 24b
윤형동물 20a, 20b, 22a, 22b
은기문진드기 18a, 18b, 20a, 20b
이끼 20a, 20b

자
자라목벌레(동문동물) 10a, 10b
저작낭 22b
전갈벌레 16a, 16b, 18b
종벌레(섬모충류) 22b
중기문진드기 18b
쥐며느리 18a, 18b
지렁이 18a, 18b
지표 생물 24b
진드기 8b, 12a, 12b, 14b, 16b, 18b
진드기 유충 14a, 14b
집먼지진드기 12a, 16a, 16b
짚신벌레(섬모충류) 22b
짧은빗살발톱진드기 12a, 12b
쪽배돌말 22b

차
참진드기 14a, 14b
창고좀벌레 16b
창고좀벌레 유충 16a, 16b
촉각 6b, 22b
촉수 6b, 22a, 22b
치어 22b
침대 12a, 12b

카
큰다리먼지진드기 16b
큰털벌레(복모동물) 8a, 8b, 22a, 22b

타
턱입벌레(악구동물) 10a, 10b
톡토기 18a, 18b, 20a, 20b

파
패충류 6a, 6b, 22a, 24a, 24b
편모 22b
포낭 20b
포식자 6a, 6b, 10b, 12a, 12b, 16a
플라나리아(편형동물) 24b
플랑크톤 6a, 6b, 8b, 10a, 10b, 22a, 22b, 24b
피지 14a, 14b

하
하루살이 애벌레 24a, 24b
현미경 6a, 6b, 14a, 14b, 16b, 18b
호수 22b
홀씨 12b
홍개미 18a, 18b
화살벌레(모악동물) 6a, 6b
흙 18a, 18b
히드라 22a, 22b
히드로해파리 6b

지은이 **다미앙 라베둔트·엘렌 라이차크**

다미앙 라베둔트 Damien Laverdunt는 프랑스 국립장식미술고등사범학교를 졸업했다. 지금은 작가이자 일러스트레이터로 활동하면서 대학교에서 응용미술을 가르친다. 《잃어버린 세계의 동물들》같은 책을 지었다.

엘렌 라이차크 Hélène Rajcak는 에스티엔느 고등그래픽예술산업학교에서 조각을, 프랑스 국립장식미술고등사범학교에서 일러스트를, 프랑스 국립섬유예술학교에서 섬유예술을 공부했다. 지금은 일러스트레이터로 활동한다. 라베둔트와 함께 《희귀한 동물의 작고 큰 이야기》 등 여러 권의 책에 그림을 그렸다.

감수 **세드릭 유바·크리스틴 롤라르**

세드릭 유바 Cédric Hubas는 프랑스 국립자연사박물관 연구원이다.
크리스틴 롤라르 Christine Rollard는 거미 연구로 박사 학위를 받았다. 프랑스 국립자연사박물관 교육부문 연구원이다.

옮긴이 **장석훈**

서강대학교에서 철학과 불문학을 공부한 뒤, 프랑스 리용2대학에서 임상심리학 과정을 수료하고, 서울대학교 대학원에서 비교문학을 공부했다. 지금은 책을 기획하고 쓰거나, 우리글로 옮긴다.

한국어판 감수 **최종윤**

부산대학교 생물시스템학과에서 박사 학위를 받고, 국립생태원 전임연구원으로 습지 생태계의 작은 생물들에 대해 연구한다. 2012년 한국생물과학협회의 학술논문 우수상을 받았다.

현미경으로 본 커다란 세상 미생물
초판 1쇄 발행 2020년 4월 24일 | 초판 4쇄 발행 2024년 10월 31일
지은이 다미앙 라베둔트·엘렌 라이차크 옮긴이 장석훈 한국어판 감수 최종윤
편집 장원정 디자인 나즈민
펴낸이 권종택 펴낸곳 ㈜보림출판사 출판등록 제406-2003-049호
주소 10881 경기도 파주시 광인사길 88 홈페이지 www.borimpress.com
인스타그램 @borimbock 전화 031-955-3456 팩스 031-955-3500
ISBN 978-89-433-1243-5 74470 / 978-89-433-1174-2(세트)

Les mondes invisibles des animaux microscopiques
by Damien Laverdunt and Hélène Rajcak
© Actes Sud, France, 2016
All rights reserved.
Korean translation © Borim Press, 2020
Korean translation rights arranged with Actes Sud through Orange Agency.

이 책의 한국어판 저작권은 저작권사와 독점 계약을 맺은 ㈜보림출판사에 있습니다.
이 책은 저작권법에 따라 보호받고 있으므로 이 책 내용의 일부나 전부를 옮기거나 다시 쓰려면 반드시 저작권자와 출판사 양쪽의 허락을 받아야 합니다.
⚠주의: 책 모서리가 날카로우니 던지거나 떨어뜨리지 않도록 조심하세요(사용연령 3세 이상).